Joan Elías y David Elías

En busca
del Lovework

La empresa del siglo XXI:
Más allá de la motivación y el liderazgo

EMPRESA ACTIVA

Argentina - Chile - Colombia - España
Estados Unidos - México - Uruguay - Venezuela

© 2006 by Joan Elías Monclús y David Elías Monclús
© 2006 by Ediciones Urano, S. A.
Aribau, 142, pral. - 08036 Barcelona
www.empresaactiva.com

ISBN: 84-96627-10-1
Depósito legal: B - 41.938-2006

Fotocomposición: Pacmer, S. A.
Impreso por Romanyà Valls, S. A. - Verdaguer, 1
08786 Capellades (Barcelona)

Impreso en España - *Printed in Spain*

A José Luis Temprado, en Catalana/Occidente;
a Joan Llorens, en Pegaso; a Marco Regis,
en Martini; a Josep Fernández Royo,
en el COOB'92; a David Parcerisas, en EADA;
a Francesc Moreu, en Consultoria i Gestió; a
Joan Escarrabill, en Hospital de Bellvitge,
y a Mateu Huguet, en el Institut Català
de la Salut, directivos que han sabido
no desmotivarme.

JOAN ELÍAS

A Carme y Martina por su compromiso
en hacerme feliz.

DAVID ELÍAS

Los directivos ya no tienen ninguna obligación de motivar a sus empleados, ahora sólo tendrán que conseguir no desmotivarlos.

Índice

Donde reina el amor,
sobran las leyes.

PLATÓN

Introducción

Ganarás el pan con el sudor de la frente. Y si puede ser con el sudor del de enfrente, mejor.

MARIO MORENO, Cantinflas

Pasamos los días de nuestra vida en tres grandes espacios: el hogar, el trabajo y la ciudad, que podríamos subdividir para dar con las áreas más personales en las que nos movemos cada uno de nosotros.

Hoy en día, el trabajo ocupa el mayor espacio, viene a ser como la nueva nobleza de nuestros días. Trabajar es un acto social, con normas que convierten esta actividad en la aristocracia de nuestro tiempo, no en vano para reafirmarnos en nuestra posición nos dedicamos a coleccionar nuevos blasones. Así, las dos carreras en una, los postgrados y los masters equivalen a lo que antes eran los trienios acumulados de experiencia. Y, en esta nueva nobleza, como los cargos no son hereditarios ni perpetuos, debemos acumular puntos para que no nos excluyan de la fiesta diaria que supone ir al trabajo.

En consecuencia, la sociedad está dividida en dos: los que trabajan y ascienden en la escala social y los que no encuentran un trabajo apropiado a sus características y quedan relegados a la duda de la inutilidad. Por eso queremos triunfar en el trabajo y disponer de todo el dinero necesario para divertirnos en la ciudad y descansar en casa con la conciencia tranquila de quien se sabe económicamente activo. Así, pensamos en estudiar intensamente durante una etapa de nuestra vida para trabajar el resto en la misma empresa, construir una carrera y «subir» en el escalafón tanto como podamos.

En estos últimos años la economía ha cambiado radicalmente y, como consecuencia, la empresa y el trabajo han sufrido unas mutaciones que hacen necesario replantearse el significado de cada uno de los ámbitos de la vida. Los últimos debates abiertos sobre la conciliación del trabajo y la familia dejan al descubierto las interrelaciones entre estos espacios.

En una época en que prima el individualismo es difícil reclamar amor por el trabajo y esperar que no haya absentismo ni rotación de personal, de la misma forma que es arduo mantener una pareja toda la vida. Las parejas se mantienen unidas por una combinación particular de emociones y racionalidad que ya no obedece a cánones socialmente preestablecidos. Hoy nada ni nadie es para siempre. Los clientes no quieren ser fieles a las empresas y, en realidad, sólo desean tener «aventuras» en forma de experiencias inolvidables. Por otro lado, los empleados esperan de las empresas que sus proyectos sean más excitantes cada día, que les aporten valor, que los formen y, además, que les ofrezcan tiempo para dedicarlo a ellos mismos y a la familia.

En esta nueva sociedad ya nada será lo mismo. Asistimos al gran cambio de paradigma en las relaciones en todos los ámbitos de la vida. En el hogar, padres e hijos ya no sintonizan en la misma frecuencia. Los adultos ya no son la referencia para los hijos en un momento en que la infancia muere a manos de los canales de televisión. Las parejas no tienen los mismos parámetros heredados de sus progenitores para entenderse y, al no tener nuevos modelos de negociación aprendidos, entran en crisis fácilmente.

Puede que el espacio de vida más desarrollado sea la ciudad. En este ámbito, todos somos iguales ante la ley y, a pesar de nuestro deseo genético de hacer lo que nos plazca, acabamos obedeciendo gracias a una pinza hecha de leyes y de la vigilancia de unos a otros.

Sin embargo, ni el hogar ni el trabajo son territorios en los que haya habido una gran evolución. Todavía en el hogar puede oírse la frase «cada uno en su casa hace lo que quiere», mientras en el trabajo se esgrime la máxima «aquí mando yo» para defender decisiones que criticaríamos a un vecino o a un político en el ámbito de la ciudad. Pero ya no es cierto: en casa no se puede hacer lo que uno quiere, porque no se puede faltar al respeto a la pareja, a los hijos o a los padres. Ni tampoco en el trabajo se puede hacer lo que uno quiera con los demás, como si fueran esclavos, por el hecho de tener un cargo más importante, más experiencia o haber llegado antes. Los organigramas actuales son todavía la herencia de la revolución industrial, que copió la única forma de ordenar grandes grupos de personas: la estructura piramidal del ejército.

Las relaciones entre las personas son consecuencia de su organización social. Si padres e hijos tienen nuevos papeles sociales y si hombres y mujeres deben relacionarse de un modo totalmente diferente, también el mundo del trabajo ha de empezar a modernizarse. Es tiempo de hacer más transparente, más clara y más definida la relación entre los roles que se dan en el trabajo. Es hora de reinventar la relación entre los jefes y los empleados. Es el momento del Lovework.

El Lovework

El Lovework (el origen de la palabra se describe en el capítulo «La inspiración») sería el modo en que un empleado calificaría su trabajo al comprobar que en la empresa, además del contrato laboral, empleados y jefes se relacionan bajo un código de respeto y transparencia. Sería, entonces, aquel punto de encuentro entre empleados y jefes que permite a cada uno sentirse motivado para ir al trabajo cada día.

Así pues, la premisa del Lovework es hacer más transparentes, más claras y más definidas las relaciones profesionales en el ámbito laboral. Las empresas no existen, existen las personas que en ellas trabajan. Según este principio no podemos culpar a la empresa, en abstracto, de nuestros problemas en ella. Gracias a las leyes pensadas en el ámbito de la ciudad, el contrato laboral sistematiza las relaciones oficiales (a las que podríamos llamar zona *hard*) entre empleados y empresas. Sin embargo, es en la zona *soft* (la del contrato psicológico) donde sobrevienen los problemas.

De esta manera, el objetivo del Lovework es crear un ambiente laboral en el que todos los integrantes de la empresa se sientan con fuerzas renovadas para ir a trabajar cada día. Trata, pues, de mejorar el terreno de las relaciones entre personas que trabajan en la empresa y de regular mejor la combinación de odios y amores que se producen entre ellas a diario.

Todos tenemos claro lo que queremos, lo difícil es saber cómo conseguirlo. Deseamos ser felices y buscamos una pareja, forjamos un hogar y acumulamos un nivel de comodidad que sea un indicativo claro de que la estamos alcanzando. Pero igual que sucede en el ámbito del trabajo, todo esto pertenece al área *hard*. En la capacidad para encontrar la combinación adecuada entre relacionarse, negociar, divertirse, amar y pelearse se forja el amor de verdad en las parejas. En el trabajo sucede exactamente lo mismo.

Así pues, las empresas han de tener previstos con anterioridad al inicio del viaje los recursos indispensables, el equipaje, para afrontar el tránsito al Lovework. La empresa ha de tener reguladas las bases legales para poder afrontar la relación laboral, ha de tener unos recursos definidos y sistematizados y ha de ser capaz de comprender el mercado para afrontar el día a día de su subsistencia.

En resumen, el itinerario del Lovework está en

el área *soft*. Es aquí donde se encuentra el camino imprescindible para hallar la felicidad en el trabajo que todos buscamos. Las empresas han de procurar una relación armoniosa entre jefes y empleados que les permita sobrellevar eficazmente los conflictos que la convivencia provoca. Para ello, sus integrantes tendrán que parar diariamente en las estaciones que marca el camino adecuado para conseguirlo.

Quizá sea el momento de asimilar que las clásicas miradas al liderazgo y, en especial, a la motivación han de ser reinventadas en la empresa actual. De la misma forma que no existe el «príncipe azul» y que por fuerza un gran amor surge de seguir una senda de claridad, comunicación y acuerdos, un buen trabajo no se encuentra sin un trayecto lleno de transparencia, esfuerzo y compromiso.

En 2006 la palabra amor ha sido escogida por miles de internautas como la más bonita de todas. Pero ¿se puede enamorar alguien de su trabajo? ¿Es lo mismo amor que enamorarse? ¿Qué combinación de racionalidad y emociones puede haber en el amor al trabajo?

En este contexto de dudas, las que siguen son algunas de las reflexiones que todo empleado se ha hecho en algún momento:

¿Qué puedo esperar de la empresa en la que trabajo?

Como empleado, ¿qué debo hacer para prosperar?

Como directivo, ¿cómo he de actuar?

¿Es válida la interpretación de la teoría de la motivación en la empresa de hoy?

¿Un jefe ha ser un líder o el líder ha de ser un jefe?

¿Qué importancia tiene en la actualidad el tan esperado «trabajo en equipo»?

¿He de sentirme culpable por no estar integrado en la empresa?

¿Qué significa estar «integrado» en la empresa?

¿He de «amar» a mi empresa aunque no sea mía?

La historia que sigue es una contribución a todas estas reflexiones.

Son las respuestas a éstas y muchas más preguntas que seguramente se plantean muchos directivos o empleados.

Una conversación es un itinerario vivido en la mente de los hablantes. Este libro está planteado como una conversación de un gerente con todos sus empleados. Este directivo presenta su deseo de encontrar un sistema nuevo de relaciones —más allá de la clásica motivación y el insistentemente buscado liderazgo— para que sus empleados y sus jefes vayan motivados a trabajar cada día.

Bienvenido al viaje en busca del Lovework.

Joan Elías y David Elías
Junio de 2006

La reunión con los empleados

Me interesa el futuro porque es don-
de voy a pasar el resto de mi vida.

WOODY ALLEN

Emocionar

He convocado a todos mis empleados a una reunión para mañana sin tener una razón concreta. Hace días que la idea de hacerlo interfería en mis decisiones cotidianas y hoy, por fin, me he lanzado. Pero siento la angustia que provoca la precipitación y me gustaría ahora no haber enviado el e-mail de este mediodía. En una empresa tan grande como ésta no deben hacerse convocatorias tan precipitadas.

Las horas han pasado rápidas y me siento víctima de mí mismo: solo y frente al ordenador, con un documento sin nombre, en blanco, a la espera de inspiración. No tengo donde agarrarme y he encendido el televisor, he recopilado todos los periódicos de la semana y he sintonizado la radio. Es la fórmula que utilizo para no oír el silencio de mi cerebro.

Es cierto que no tenía una razón concreta para convocarla, pero algo me decía que debía hacerla, que sería la ocasión de responder a la multitud de preguntas que rondan por mi cabeza. Desde que entré en esta empresa hace seis meses, no he parado de recoger frases y preguntas de los empleados: «Usted dígame lo que tengo que hacer y yo lo hago, ¿de acuerdo?», «Yo, dos cosas a la vez, no puedo hacerlas», «¿Y a mí quién me motiva?», «Oiga, señor gerente, ¿usted sabe por qué los clientes siempre vienen cuando estamos trabajando? Anda que no sacaríamos faena si no fuera por los pesados de los clientes», «Perdone, pero éste no es mi trabajo, éste no es mi teléfono, éste no es...»

Todas estas frases y preguntas se han ido clavando en mi piel como alfileres y me han colapsado hasta hoy. Hasta este mediodía, que he dicho basta, basta de ese horror de escuchar tantas y tan viejas preguntas. Así que, sin tiempo para el arrepentimiento, he convocado a todos los empleados de esta compañía a una reunión a primera hora de mañana.

Y aquí estoy, es casi medianoche y nada de lo que he preparado me proporciona un poco de iluminación. Apago el televisor, bajo el volumen de la radio y ojeo los periódicos. De pronto un titular llama mi atención: «Todos estamos prisioneros de nuestro entorno y de nuestras emociones». Lo dice el neurólogo portugués António Damásio, profesor de la Universidad de Iowa y premio Príncipe de Asturias.

Me levanto de la mesa de trabajo, me froto los ojos y recuerdo las palabras con las que nuestros padres nos aleccionaban para vivir en una sociedad sin cambios: «Estudia mucho para encontrar una buena empresa en la que puedas trabajar para siempre. Así podrás casarte para toda la vida y tendrás estabilidad hasta que te jubiles». Era el sueño eterno de una vida lineal del que todavía no hemos despertado.

Estamos saboreando los últimos minutos de ese sueño; se ha acabado y está dejando paso a una vida del todo circular, en la que todo el mundo debe reinventarse con independencia de la edad que tenga.

Y las emociones, ¿de dónde vienen las emociones? ¿Qué emoción soy yo, hoy? La angustia, eso es. No disponer de información de lo que voy a decir mañana genera en mí ansiedad. Ésa es la génesis de las emociones humanas: imaginarse el fracaso, provoca el fracaso.

Y sólo hay una forma de liberarse: enfrentarse al miedo y hablar. Hablar es el mejor antídoto para adaptarse al mundo de hoy y yo tengo que hacerlo con mis empleados.

De repente, mis manos se enamoran del teclado del ordenador y empiezo a ver una luz indicadora.

Despertar

Estoy excitado de forma especial. A pesar que llevo muchas reuniones a mis espaldas, esta vez las piernas me pesan más de lo acostumbrado y, aun sin haberlo intentado en voz alta, presiento que mi garganta está también asustada. No me gusta fallar, por eso preparé ayer por la noche lo que quería decir, pero dejé lagunas en mi mente para ceder paso a la improvisación. De la misma manera que no podría pasar sin preparar la reunión, tampoco sería capaz de hacerla teniéndolo todo previsto. Necesito un punto de riesgo. Sin él, no me siento motivado.

La sala en la que he citado a todos los empleados es muy espaciosa. Es un lugar que utilizamos para diversas acciones durante el año y estos últimos meses la hemos condicionado mejor de lo que estaba. El anterior gerente tenía previsto convertir este espacio en oficinas, pero siempre he creído que una empresa moderna debe tener un espacio en el que poder ritualizar los cambios que afronta. Es muy importante que los empleados escuchen todos juntos el mismo mensaje. Ahora tiene la más moderna tecnología y es, a la vez que cómoda, capaz de albergar diferentes actividades.

Repaso mis apuntes mientras mis empleados van entrando poco a poco en la sala. Espero que no falle nada, lo que tengo que decir es de suma importancia. Estoy convencido y preparado para afrontar sus consecuencias.

Vuelvo a repasar mis apuntes y recuerdo la frase que hizo de mí un dibujante convulsivo: «La vida la entiendes mejor si la dibujas». Desde entonces necesito siempre un lápiz para seguir una reunión y cuando hablo siempre ensucio de gráficos un papel. Es como si hiciera más transparentes mis pensamientos; a la vez, encuentro en los garabatos la receta perfecta para aclarar mis ideas.

Repaso uno a uno los dibujos que me han ayudado a preparar mi conferencia y que hoy me han de conducir a mi planteamiento definitivo.

Es la hora de dirigirme a los empleados. Están ya todos sentados y me miran a los ojos buscando el motivo de mi invitación. Hablo despacio con premeditación. Les digo, marcando silencios entre frases:

«Buenas días. Ante todo, gracias por venir... Sé que las convocatorias de gerencia siempre se viven con expectación y esta vez no voy a defraudarles... Quisiera comentarles algunas cuestiones que tienen que ver con el funcionamiento de la empresa, pero, si me lo permiten, también deseo decir algo de su relación con el trabajo.»

Hago un repaso de la sala y veo sus miradas sutilmente ladeadas con ojos microscópicamente más cerrados. «Qué nos dirá éste ahora.»

«Hace medio año que trabajo en esta empresa y me he dedicado en cuerpo y alma a conocerla. Ahora estoy en posición de hacer una primera gran reflexión. En primer lugar, gracias por venir. Gracias, muy sinceras, por venir. Estoy aquí para anunciarles uno de los hechos más importantes que han sucedido en esta empresa en los últimos tiempos.»

Sigo con parsimonia.

«Hoy quiero anunciarles que, a pesar del poco tiempo que llevo en esta empresa, a partir de mañana voy a dejar de ser el gerente. Así es, a partir de mañana mismo habrá otro gerente que inmediatamente anunciaré quien es.»

Hago una pausa y suspiro. Veo cómo algunas personas se miran entre sí. Todo el mundo busca en las primeras filas al candidato. «¿Quién será? Seguro que será el director comercial...»

Es curioso, pero en la sala se sigue el mismo esquema que en el organigrama: los directivos están sentados en la primera fila, los mandos intermedios detrás y los empleados al final de todo. Un combinado de sillas vacías y llenas dibuja un organigrama en forma de una pirámide perfecta de cargos y poderes.

Todos esperan mis palabras.

«Pero antes de presentar al nuevo gerente, quiero agradecerles lo que han hecho conmigo. No puedo quejarme. Cuando les he llamado a una reunión, han venido todos y con puntualidad; cuando he pedido un café, me han traído dos; cuando me han caído papeles por el pasillo, siempre había alguien que se desvivía para ayudarme a cogerlos. Era una costumbre que tenían ustedes con el gerente anterior y la han mantenido conmigo. Una vez más, muchas gracias.»

Miro sus caras de frente. Sé que lo hacían porque el gerente anterior actuaba como el dueño de sus vidas, y ellos se lo permitían. Algunos habían pensado que, con mi incorporación, todo cambiaría, que yo los trataría de otra manera. «Con más igualdad y más autonomía», pensaron.

Había llegado el momento.

«Antes de anunciarles quién es el nuevo gerente, quiero dejarle a él una herencia. Igual que el anterior me dejó su admiración incondicional, la de ustedes, sin conocerme, quiero que él se encuentre con una condición impuesta por mí, en ustedes.»

Percibo que a algunos les ha costado seguirme y eso los incomoda. Pero sé también que este juego de palabras son las que debo usar. Si algo he aprendido a lo largo de tantos años hablando en público es que debo usar las palabras para hipnotizar. Es la única forma de llegar al lugar más escondido y recóndito del cerebro: su atención.

«A partir del lunes, señoras y señores, cuando suene su despertador, todo aquel que tenga la sensación de que viene a trabajar, por favor... que no venga... que no venga, por favor.»

Se han mirado entre sí y han sonreído. Han visto la salvación de sus males y han pensado en no venir porque, obviamente, todos vienen a trabajar. Trabajar. Esta palabra procede del latín *tripalium* y con ella los antiguos romanos designaban un aparato de tortura a modo de cepo, formado por tres palos, al que se ataba a los esclavos cuando no rendían suficiente. Las señales de sus golpes las llevamos todavía en los genes (en los memes, en la teoría actual) y por eso nos expresamos así:

El primer día, con señales de tristeza: «¿Qué te pasa?», «Que no tengo trabajo». El segundo, con señales de alegría: «Y hoy, ¿que te pasa?» «¡Qué ya tengo trabajo!» El tercero, con las señales de tristeza del primer día: «Y ahora, ¿qué te pasa?» «Jolín, que tengo que ir a trabajar».

Dejo que el murmullo se desvanezca en la sala y continúo.

«Sí, señoras y señores, si se trata de trabajar, por favor, no vengan ustedes. Nos lo comunican y el director de Recursos Humanos sabrá encontrar la mejor solución... porque, con el nombramiento del nuevo gerente, no se sentirán ustedes felices en esta empresa. —Dirijo la mirada a los extremos de la sala con objeto de involucrar a todos y acelero—. Señores, esta empresa ya no va a necesitar más trabajadores; esta empresa necesita de otro tipo de empleados...»

Veo en sus caras una expresión de sobresalto, la de quien es atracado a plena luz del día: mucho miedo, algo de indignación y un punto de incredulidad. Pero sus ojos reflejan la conciencia de la época. Saben que la nueva economía obliga al trabajador a cambiar su contrato psicológico con la empresa. Las leyes laborales están para respetarlas y cumplirlas. Pero donde las leyes no llegan (y no llegan ni pueden llegar a todos los pensamientos) es imprescindible definir unas nuevas formas de relación con objeto de llegar a un pacto entre los intereses tan dispares de sus integrantes.

Echo un vistazo al dibujo del despertador que utilicé para llegar hasta aquí y busco el siguiente punto de mi exposición.

Pensar

Muevo la cabeza de un lado a otro y respiro antes de pronunciar una palabra. Ahora están esperando con más ansia mi ruego.

> «Les pido por favor que, con el nuevo gerente, hagan lo mismo que con el anterior: cuando les llame a una reunión, vayan todos y puntualmente; cuando pida un café, llévenle dos, y cuando se le caigan los papeles al suelo, peléense entre ustedes por recogerlos.»

Hay frustración en algunas miradas. Pero también tranquilidad en casi todas. «Bueno, esto seguirá igual.»

«En fin, antes de decirles lo que tendrán que hacer cada mañana en lugar de venir a trabajar, quiero presentarles el nuevo gerente...»

Lo hago todo con premeditación y alevosía. Había interrumpido la presentación del nuevo gerente para dejarlos pendientes de ello y abrir otro foco de atención. Ahora, un cañón de audiovisuales proyecta el organigrama actual de la empresa. En él se puede ver, en negrilla y con dos cuerpos más grandes que todo lo demás, mi nombre colocado allí de la misma forma que estaba antes el anterior, y el anterior y el anterior. Con dos toques a la tecla del ordenador, distanciados por una pausa interminable, hago desaparecer mi nombre y aparece el nombre del nuevo gerente. Pongo la voz más solemne que puedo.

«Señoras y señores, el nuevo gerente es... **El cliente.**»

Y me callo. Veo reacciones de todo tipo: los del departamento comercial creen que los defiendo; los de producción, que los ataco; los de informática miran su PALM, y el resto piensan que no va con ellos.

«Efectivamente... cuando el nuevo gerente les llame a una reunión, vayan todos y puntualmente; cuando les pida un café, llévenle dos, y cuando le caigan los papeles al suelo, peléense entre ustedes por recogerlos. Señores, esta empresa va a cambiar todo su funcionamiento. El nuevo gerente así lo quiere y no podemos defraudarlo, de la misma forma que no hemos decepcionado a los anteriores. Éste es el principio de todo el cambio que hoy quiero detallar.»

Ahora ya empiezo a detectar reacciones polarizadas. La mayoría de ellos se mueven inquietos en sus asientos, aunque por razones diferentes. La mayoría cree que no pasará nada y que todo seguirá igual. Los demás, quizá un 20 por ciento de ellos, se frotan las manos sin moverlas. Desde lo más recóndito de su corazón están recuperando la motivación que habían perdido al ver que sólo ellos estaban trabajando duro estos últimos años.

Motivación, eso es. Algún día se dieron cuenta que habían perdido la motivación por culpa de algunos jefes y compañeros que sólo disfrutaban con hurgar en las miserias de los demás. Gente que no sabe hablar claro y, cuando lo hace, grita sin respeto faltando a la dignidad de los demás, que compite por el poder en lugar de la razón, que hace amigos por conveniencia y se crea enemigos en conciencia. «Esto empieza a cambiar de verdad», oyen algunos en su interior.

Me conecto a sus esperanzas.

«A partir de hoy ya no hace falta que vengan a trabajar. Lo anunciaba antes y enseguida lo entenderán. Con la incorporación del nuevo gerente, el trabajar se va acabar, porque ahora, señores, todos ustedes tendrán que venir a desarrollar otra actividad. —Hago un silencio mortuorio y pongo voz de revelación—. A partir de hoy tendrán que venir a esta empresa... —muevo la cabeza de arriba abajo con firmeza para reforzar el verbo olvidado— a pensar.»

Veo que la gente sonríe. Como siempre, por razones diferentes, pero se ríe. Se ríe como se han reído tantas veces algunos jefes de los empleados a quienes les gustaba practicar el «vicio» de pensar y decían con sorna: «No penséis tanto y trabajad más, que aquí para pensar ya estoy yo».

Mis palabras han caído como una lápida a un sepultado en vida. En el fondo de su cerebro saben lo que les quiero decir. Intuyen que en la nueva economía todo lo que pueda hacer una máquina lo hará una máquina y que al ser humano sólo nos quedará un rinconcito para sobrevivir: el pensar. Lo saben y por eso aprietan las mandíbulas.

Durante mucho tiempo hemos vivido de la maravillosa situación del encefalograma plano. Levantarse tarde un sábado, mirar el reloj y farfullar: «Por la hora que es, ya no me ducho», y entonces tirarse en el sofá para hacer *zapping* y ver la televisión sin otro esfuerzo que mantener los ojos entreabiertos. Claro que puede ocurrir, de pronto: «Pipí, ¡otra vez la maldita vejiga! Ahora me tengo que levantar... A que no me levanto...» Tomar decisiones es algo que nadie puede dejar de hacer aunque quiera.

Hago con mis palabras un proyectil cargado con una mezcla de solemnidad y rigor.

«A partir del lunes ustedes, todos y todas han de venir al trabajo para ayudar a pensar al nuevo gerente. Les nombro a partir de hoy... ayudantes a pensar al cliente.»

De nuevo los de comercial miran a su alrededor con la cara de haber tropezado con su día de suerte. Pero no les doy tiempo a disfrutarlo.

«No estoy diciendo que todo el mundo se haya de dedicar a atender al cliente. Estoy diciendo que todo el mundo en esta empresa ha de tener un cliente. En esta empresa, a partir de hoy, o se es proveedor o se es cliente.»

Ni respiro, ni les dejo respirar.

«Por eso, a partir de hoy habrá nuevas categorías de empleados. —Dejo que se remuevan en sus asientos y lanzo el nuevo modelo—: En esta empresa los empleados pertenecerán a una de estas tres categorías: a la primera pertenecerán aquellos que ayuden a pensar al cliente; a la segunda, aquellos que ayuden a pensar a quienes ayudan a pensar al cliente, y a la tercera, quienes piensen cómo ayudar a pensar a unos y otros en el futuro.»

Continúo sin tregua.

«Ya no están ustedes asignados al departamento de Informática, al de Producción o al Comercial. Ustedes pertenecen a una de las tres categorías que he nombrado. El nuevo gerente así lo quiere.»

Esto no va a cambiar en un día. Pero mis palabras han sonado tan compactas que veo en sus miradas el convencimiento de que ya no están en la empresa que pensaron que estaban cuando entraron a la reunión.

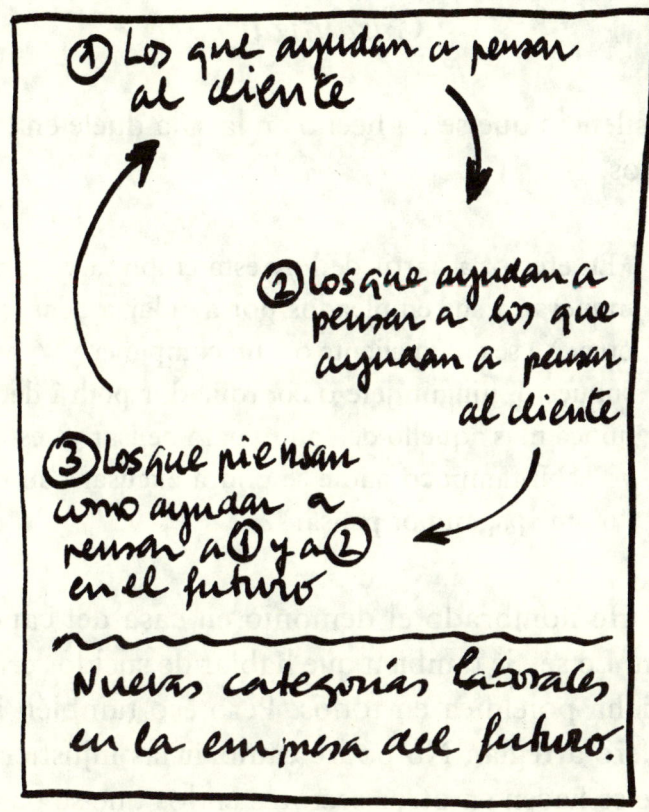

① Los que ayudan a pensar al cliente

② los que ayudan a pensar a los que ayudan a pensar al cliente

③ los que piensan como ayudan a pensar a ① y a ② en el futuro

Nuevas categorías laborales en la empresa del futuro.

Respiro hondo y veo de reojo el dibujo de las nuevas categorías laborales que hice para visualizar lo que acabo de decir.

Garantizar

El silencio que se ha hecho en la sala duele en los oídos.

«En efecto, a partir de hoy esta empresa va a remunerar a sus empleados por ayudar a pensar a otro. Ya sea a un cliente o a un compañero. Y, por supuesto, ningún jefe o coordinador podrá decir nunca más aquello de "aquí, para pensar ya estoy yo". Ni tampoco nadie se podrá excusar con un "no me pagan por pensar".»

He nombrado el demonio en casa del capellán. Lo sé. Sé también que hablar de sueldos crea mucha polémica en todos. Pero eso también lo quiero arreglar. No podré cambiar las injusticias que se hacen en otros sectores en los que se paga una miseria, ni podré arreglar los problemas del mundo, pero buscaré una fórmula para que todos los empleados tengan un sueldo digno, independiente de su sexo o de su procedencia, pero dependiente de su contribución a su lugar de trabajo. He de buscar la fórmula más adecuada para adaptar esta empresa al concepto de compensación total. Más adelante lo anunciaré.

Ahora quiero seguir con lo que tenía planeado.

«Y para que todo esto pueda funcionar no les voy a pedir que se sientan más integrados a esta empresa, tampoco que trabajen más; les pido, ya lo han oído, que piensen más, en todo caso. A partir de hoy ya nadie les va a pedir que en su casa piensen en la empresa.»

El empleado perfecto era aquel que pensaba en la empresa incluso en casa. Ése era el empleado ideal, el realmente integrado. Cuántas veces habré oído aquella famosa sentencia de «hay que conseguir que los empleados piensen en la empresa hasta cuando están en casa». Y eso sólo trae una consecuencia lógica: cuando están en el trabajo piensan en casa.

La empresa ha dejado de ser aquel lugar que combinaba el sacrificio y la seguridad. La empresa de antaño era un lugar donde te acogían con cariño y te decían: «Chaval, tienes toda la vida para aprender». Después de siglos de trabajo duro, la fábrica ha muerto.

La empresa ya no es aquel lugar de producción donde esperar que suene la sirena para salir. Ahora estamos en la época en que todos somos clientes o proveedores. Subidos en una noria económica que gira sin parar, sus viajeros son tan sólo clientes o proveedores. O sirves o te sirven.

Ahora las empresas tienen que sacar productos cada seis meses y el tiempo en el mercado es el recurso más escaso. Nadie tiene un hueco para aprender y hay que buscar horas para instruirse y volcar los nuevos conocimientos de forma inmediata en la empresa.

La globalización deslocaliza empresas, las comprime en una marca y luego las expande en franquicias. Hay fusiones, compras, cambios constantes en las direcciones generales, de modo que los socios de una empresa pueden acabar siendo los empleados de la competencia. Todo bajo una economía supersónica en la que los productos han de capturar beneficios de forma inmediata si no quieren verse apartados por una competencia feroz. Una competencia que toma cuerpo en cualquier cosa que se pueda comprar.

En una economía en la que todo es competencia, a la empresa actual le resulta difícil garantizar una carrera laboral a sus empleados porque ya no puede ni garantizarse a sí misma la existencia a largo plazo.

Las nuevas empresas deberán encauzar la re-

lación con sus empleados a cuestiones más actuales que la integración y la motivación.

Lo importante no es tener empleados integrados, sino empleados profesionales que hagan lo que tienen que hacer para que el cliente (interno o externo) sienta que se le ha ayudado a pensar.

Integrar

Por eso, porque quiero que en esta empresa todo el mundo se dedique a ayudar a pensar a otro, debo continuar.

«Les voy a pedir que se comprometan. Esto es, que se comprometan y después se olviden de la empresa. No hace falta que se integren, tan sólo comprométanse durante el horario laboral. No hace falta tampoco que piensen que aquí están en su casa. Su casa está en otra parte. Ésta es la empresa en que trabajan, señores, no su casa.»

Se que los acabo de confundir. Pero, con toda la intención de provocar una agitación colectiva de sus cuerpos en los asientos, les he regalado un largo silencio y dejo resbalar en el ambiente una nueva frase:

«Tampoco es mi casa, señores.»

De inmediato rasgo el ambiente con más volumen en mis palabras.

«Por esa razón, porque no estamos en nuestra casa, por favor, todo aquel que haya traído utensilios, aparatos, recursos propios... de su casa, que sean suyos, por favor, llévenselos.»

Ahora veo que la fuerza que servía para entornar los ojos se ha repartido entre las cejas y la mandíbula. «Éste ¿¡de qué va?!»

«Sí. Por favor, llévense sus cosas. Si son suyas, llévenselas. Porque desde que entré en esta empresa no he parado de oír expresiones como "mi departamento", "mi mesa", "mi teléfono", "mi lápiz", "mi goma" e, incluso, "mi clip". Llévenselo porque la empresa ya se lo dará todo. Si es suyo, llévenselo. —Dejo que la expectación suba al ritmo de un ademán ostensible de mis manos—. Porque todo eso nos trae algunos problemas que hoy en día ya no deberíamos tener. Es obvio que si el teléfono es suyo, cuando suena lo cogen. Pero cuando suena el teléfono de la mesa de al lado, puesto que no es suyo, no lo cogen. Tan lógico como que si uno vive en el quinto primera, cuando suena el teléfono del quinto primera lo coge, pero si suena

el del séptimo segunda "no subirás corriendo a co-
gerlo".»

Y me callo. Es suficiente. Miro los papeles, busco la página siguiente y continúo.

Comprometer

Cuando preparaba la conferencia escribí y borré
muchas veces el párrafo que sigue. Supuse una y
otra vez que no me entenderían, pero me gusta el
riesgo. Me motiva.

«Y, por cierto, también he podido ver encima de
sus mesas muchas fotografías. Instantáneas maravillosas de personas abrazadas, fotos de viajes, niños e incluso animales de compañía.»

Freno en seco mis palabras. Silencio. Con un
arranque lento digo:

«Supongo que, si tienen la foto de su familia en el
trabajo, para compensar, tendrán ustedes mi foto
en su casa... aunque sea en el aseo, ¿no?»

Siento en el ambiente una extraña mezcla de
ingenua alegría y de una profunda ofensa. Hay

quien no puede soportar no sentirse en casa en el trabajo para lo que le conviene y verse en el trabajo para lo que no le interesa.

Para el humano es muy difícil diferenciar los espacios del hogar y el trabajo en el pensamiento, pero es imprescindible para congeniar familia y empleo tener muy claro dónde se está en cada momento. Y no es un *estar* físico, sino un estado mental que permita centrarse en lo que es prioritario en cada momento.

No es necesario prohibir que los empleados tengan la foto de su familia en su puesto de trabajo, pero para conciliar el trabajo y la familia hay que empezar por respetar cada uno de los espacios. Según Nuria Chinchilla, profesora del IESE, las tendencias indican que crece el trabajador *dual centric* (con dos centros de atención) y desciende el de los adictos al trabajo. Si esto es así, deberemos saber en cada momento dónde estamos (desde el punto de vista de la atención) para trabajar mejor las horas dedicadas a la empresa en lugar de trabajar más. No se trata de estar más horas sentado en «mi» silla, sino la de comprometerse a cumplir «nuestros» objetivos.

No insistiré más en el tema de las fotos. Mi planteamiento puede entenderse de varias maneras. En el fondo, lo prefiero.

«En definitiva, quiero de ustedes, de todos ustedes, un nuevo estatus laboral. Necesito que se comprometan con la empresa y luego se olviden de ella. Necesito que estén en el trabajo lo suficiente para cumplir nuestros compromisos y, luego, se dediquen a su familia. Por eso, en este punto les voy a pedir a todos su primer compromiso. Sin éste, los demás no tendrían ningún sentido»

Hace poco que he empezado la conferencia, pero he dicho muchas cosas nuevas para esta empresa. Percibo que voy por buen camino, a pesar de que siento que alguien ya no me sigue. No puedo pararme. Ahora empieza el gran cambio de verdad.

Golpeo suavemente el ordenador.

Aquel organigrama en el que aparecía el cliente como gerente desaparece y hago que la pantalla se quede sin texto. Mantengo el fondo corporativo de la empresa como señal de que voy a continuar.

«Señoras y señores, a partir de hoy será necesario que antes de venir a trabajar de nuevo todos aceptemos 10 compromisos. —En los papeles de apoyo puse un círculo ostentoso alrededor de esta palabra, **todos**, para no olvidarme, y así lo remarco también en mis palabras—. Todos significa: todos los empleados. Y todos también señala a los directivos, desde el primero hasta el último.»

Pulso la tecla oportuna y aparece en pantalla:

**10 compromisos esenciales en busca
de una nueva relación entre jefes y empleados.**

Y continúo.

«Una nueva relación para todos, señores. Una nueva forma de trabajar para todos. Para jefes y empleados, para recién incorporados y antiguos, para mujeres y para hombres. —Inspiro con fuerza, retengo el aire y fuerzo unos instantes de silencio; y luego continúo—: Ya no podemos basarnos en las antiguas premisas de la gestión empresarial y hemos de empezar a buscar nuestro papel en la nueva economía. Y para ello, les tengo que pedir que acepten el primer compromiso.»

Vuelvo a pulsar la tecla del ordenador. La pantalla recompone el título y lo sitúa arriba para dejar espacio a diez círculos que contendrán los dígitos del 1 al 10.

Esta vez aprieto la tecla sin hablar ni una palabra.

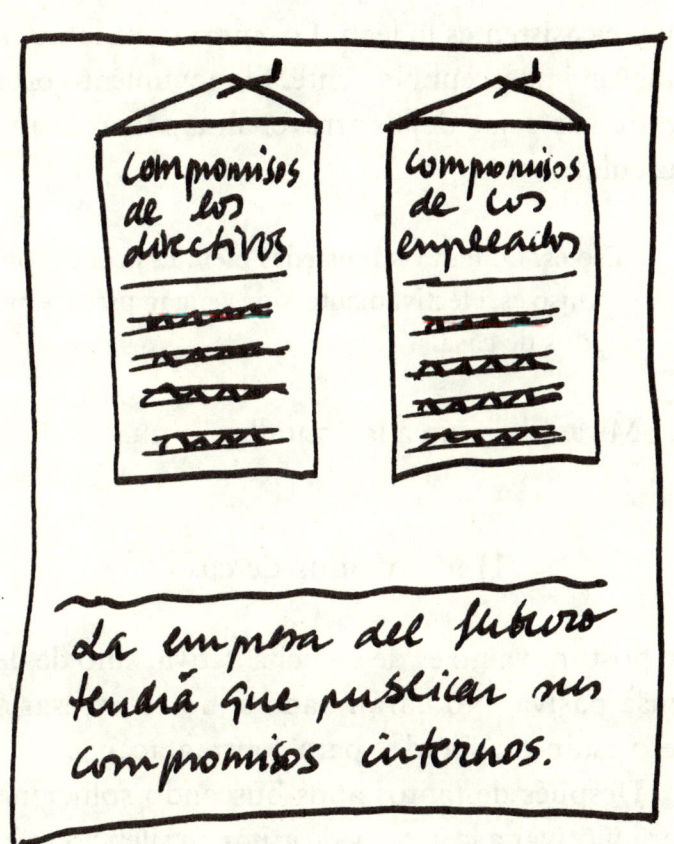

Venir

Dejo que aparezca el primer compromiso identificado con el número 1. Levanto la cabeza y dejo que los asistentes lo lean. Los miro y sus labios se mueven imperceptiblemente. El movimiento brusco de sus cejas deja entrever una sorpresa mayúscula.

«Eso es. Lo han visto ustedes bien. El primer compromiso es, efectivamente, que vengan ustedes motivados de casa.»

Miran de reojo a la pantalla y a mí.

1) Motivados de casa

Su postura ya no es de escucha activa, sino de defensa pasiva. No harán nada si no es necesario, pero están preparados para contraatacar.

Después de tantos años buscando soluciones para motivar a la gente y de gritar en silencio «¡Socorro!, ¿conoce alguien algún libro de motivación que le haya salvado la vida? ¿Sabe alguien cómo motivar a otra persona?», he llegado a la conclusión de que no tiene ningún sentido querer motivar a alguien, no hay ninguna posibilidad. Además, es un ejercicio de soberbia y, a la vez, de menosprecio.

Cuando alguien sale de casa pensando que otra persona le puede motivar se está haciendo de menos. Es una actitud que supone inferioridad. Por otro lado, pensar que se puede motivar a otra persona es una falta de respeto hacia ella y, la vez, un engreimiento.

Motivar es como entrar en un ordenador de otra persona que dispone de *password*. ¿Y cómo vas a entrar si hay gente que no se sabe su propia clave? ¡Es imposible!

Si nos propusiésemos escribir un libro sobre motivación tardaríamos años. Sin embargo, estoy seguro de que a todo el mundo le vienen a la cabeza mil formas para desmotivar a alguien. Y no es un juego de palabras. Es tan sencillo como dar ciento ochenta grados a los planteamientos tradicionales de la empresa y esperar que todo el mundo sea mucho más responsable de sus propias situaciones personales.

La famosa teoría de las caricias de Eric Berne, en la que aseguraba que los niños buscan caricias ya sean positivas o negativas, es vigente hoy... para los niños. Pero va siendo hora que nos hagamos adultos de una vez por todas. La persona autónoma sabe gestionar su vida sin la insaciable necesidad de las caricias de los demás. Sabe manejar su vida interior y obtener las caricias necesarias de sí mismo para sobrevivir.

La búsqueda egoísta de caricias también nos hace inoperantes en otros aspectos de la vida. Como cuando salimos a buscar nuestra media naranja para encontrar a alguien que nos «haga felices». Dan ganas de preguntar: «¿No sales feliz de casa? Porque con los problemas que tengo yo conmigo mismo... que no me entiendo, que ni me sé mi *password*... ¿cómo voy a entender a alguien que tampoco se sabe el suyo?»

La empresa no está pensada para ser el paraíso perdido. Lo que quiere la empresa son clientes rentables; el centro de su actividad no es la de motivar a sus empleados.

El empleado inteligente no quiere que su empresa lo motive (demasiadas veces es un arma de doble filo en la que el «motivador» se cobra un rédito demasiado alto) y prefiere ser recompensado de otra manera. La empresa debe pagar muy bien y a tiempo. Cumplir lo pactado y procurar un ambiente de respeto en el que los conflictos se solucionen con imaginación.

Para sentirse digno (y con esto se quiere decir no indignarse sin saber por qué), es necesario hacerse responsable de uno mismo y de sus problemas.

Recuerdo de nuevo a António Damásio cuando dice que las buenas decisiones vienen de «ne-

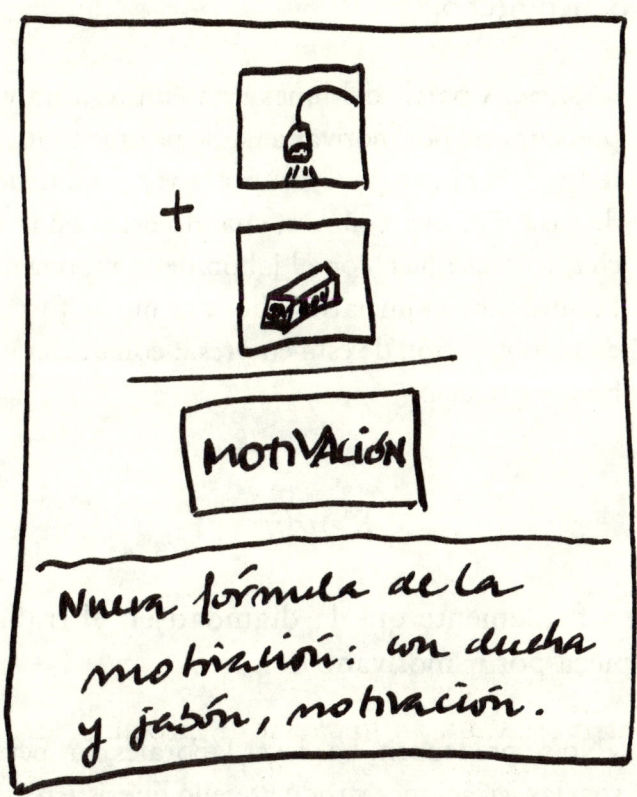

gociar con las emociones, el conocimiento y la razón». Se trata, pues, de empezar por ir motivado de casa con objeto de utilizar el conocimiento en la empresa y, finalmente, llegar a la razón del trabajo bien hecho.

«Así es. A partir del lunes esta empresa no va a preocuparse por motivar a nadie porque todos ustedes deberán comprometerse a venir motivados de casa. Por eso, señores, cuando estén en la ducha, frótense bien con el jabón de la motivación. Permítanme anunciarles ahora la nueva fórmula de la motivación de esta empresa: con ducha y jabón, motivación.»

Rendir

Creo firmemente que la dignidad en el trabajo empieza por ir motivado de casa.

«No se preocupen. Las leyes laborales, los permisos, las vacaciones y todo aquello que esté regulado se cumplirá a rajatabla. Pero a partir de mañana hay problemas que la empresa no puede ni debe solucionar. Es imprescindible venir motivado de casa para cumplir con el siguiente compromiso.»

Voy rápido esta vez. Ya he hablado de él antes y ahora sólo debo recordarlo. Toco la tecla y hago saltar el segundo compromiso.

1) Motivados de casa
2) Ayudar a pensar al otro

Vuelven a moverse en su asiento a la espera de mis comentarios.

«No insistiré de nuevo. Pero esta empresa necesita "pensadores". Ya no quiere "trabajadores", personas que venían a trabajar con un "tú dime lo que tengo que hacer y yo lo hago" y un "que cada palo aguante su vela".»

Sin darles tiempo para relajarse, hago un nuevo toque al ordenador para que aparezca el tercer compromiso.

1) Motivados de casa
2) Ayudar a pensar al otro
3) Rendir cuentas

«Éste es el tercer compromiso de esta empresa: todos debemos de rendir cuentas. Es decir, todos tenemos que dar dar valor a nuestro trabajo. Ya no se trata de trabajar duro, sino de trabajar en la dirección que sea necesario para dar valor al cliente. No podemos estar trabajando todo el día porque nuestra familia nos espera. —Confío que entiendan ahora mi intención con el planteamiento de las fotos—. En consecuencia, habrá que rendir cuentas y ponerlo todo en indicadores.»

Le pongo a mis palabras una solemnidad especial.

«Por eso, señoras y señores, lo tendremos que controlar todo. A partir de mañana nada de nuestra actividad puede quedar fuera de control. Para el bien de nosotros mismos debemos exigir que la empresa controle todo lo que hacemos y así imputar bien aquello que se hace a quien lo hace. —Siento de nuevo la excitación del principio—. Esta empresa ya no pagará por horas de trabajo, sino por resultados con el cliente. Es decir, por el valor que el cliente le de al trabajo del empleado. Al final de todo, es el cliente quien paga el sueldo.»

Presiento que la palabra clave ha llegado a los cerebros de todos los asistentes. Intuyo que en su interior se está dando un debate sobre la libertad. Por eso me adelanto a sus conclusiones y participo en él.

Lo que no está en
números, no existe.

«El control nada tiene que ver con la falta de libertad. Es precisamente por eso, por libertad, por lo que hay que controlar y ponerlo todo en indicadores. Señores, «todo lo que no está en números no existe» y cuando el trabajo no se ve reflejado en indicadores se tiende a infravalorarlo o sobrevalorarlo todo. El nuevo empleado da valor añadido al cliente y rinde cuentas de ello. Un empleado moderno acepta y exige ser controlado.»

Los asistentes miran al frente con el deseo de que aparezcan ya los diez compromisos en la pantalla. Es como aquel momento tan tenso en las películas de suspense: para superar la angustia del momento, el espectador pagaría por saber el desenlace final.

Saltar

Se que nadie puede decir dos cosas a la vez, aunque a mí me gustaría poder hacerlo ahora. Veo en sus caras que les falta alguna cosa para entenderlo todo, pero debo mantener la cadencia de mi presentación. Más adelante acabaran de comprenderlo.

«También tendrán que aceptar este nuevo compromiso. Es el cuarto y tiene que ver con su futuro.»

Éste es un tema caliente. Todos deseamos tener un futuro mejor. Pero ¿qué significa tener un futuro mejor en la empresa?

1) Motivados de casa
2) Ayudar a pensar al otro
3) Rendir cuentas
4) Aceptar nuevos proyectos

En la génesis de la empresa del pasado siempre hay dos constantes: mandar más para cobrar más.

Todo esto se ha terminado. Lo saben los mandos y lo saben los empleados.

Todo el mundo piensa en la recta final de su carrera laboral. Lo hace soñando con un despacho en el centro de la ciudad, con grandes ventanales que coincidan con la esquina de dos calles, con una gran mesa de despacho, una mesa de reuniones e incluso lavabo propio. Sin embargo, las empresas empiezan a establecer un sistema por el que sus empleados más *seniors* (aquellos que están casi al final de su carrera), pasan a dirigir «oportunidades emergentes». Es decir, les dan la responsabilidad de iniciar desde cero nuevas unidades en aquellas áreas que se prevé importante negocio en los años siguientes. Es decir, ponen a sus mejores directivos a construir el futuro.

Los asistentes han leído varias veces este cuarto compromiso en la pantalla: aceptar nuevos proyectos; aceptar nuevos proyectos, aceptar nuevos proyectos.

Aprovecho la ocasión y me lanzo con un ejemplo.

«He leído en un periódico que un jugador de fútbol se ha quejado de que su "club le ha dejado tirado" porque no le han renovado el contrato para la siguiente temporada. Argumenta que la temporada anterior "yo ayudé a que el club no bajara a segunda". ¿La temporada pasada? ¿Cobró por ello? Sí. ¿El club ha seguido los pasos legales para avisarlo? Sí. Entonces el pasado ya no cuenta. El pasado es historia y sólo cuenta el futuro.»

Todos saben que ése ha sido el gran error. Creer que la empresa nos agradecerá para siempre nuestros servicios aunque no nos necesite. Ese eterno sentimiento de deuda que tiene su culminación en la frase: «Con lo que yo me he sacrificado por ti».

La empresa no está pensada para ello. Es el Estado quien debe (o no, eso dependerá de nosotros, los ciudadanos) garantizar que, al final de la vida laboral, seamos recompensados de forma que podamos cobrar sin trabajar.

La fábrica ha muerto, y con ella la seguridad que nuestros padres nos contaron. Ahora estamos inmersos en una nueva vida, en la que nos vemos obligados a reinventarnos de nuevo cada día.

La experiencia del «siempre se ha hecho así» también ha muerto y no podemos adjudicarle demasiada importancia en la nueva economía. Cuando todo cambia a velocidad de vértigo, sólo podemos defender la experiencia de nuestras reacciones, frente a la experiencia de las cosas. La única experiencia válida es la que adquirimos de nosotros mismos. Así debo decirlo.

«Retocando un conocido eslogan de publicidad, podemos anunciar que ahora, señores, el "subir se va a acabar". El subir, en el organigrama, hay que sustituirlo por el saltar... de proyecto. El nuevo empleado de esta compañía espera y acepta siempre nuevos proyectos. Es su cuarto compromiso y por ello sí cobrará más.»

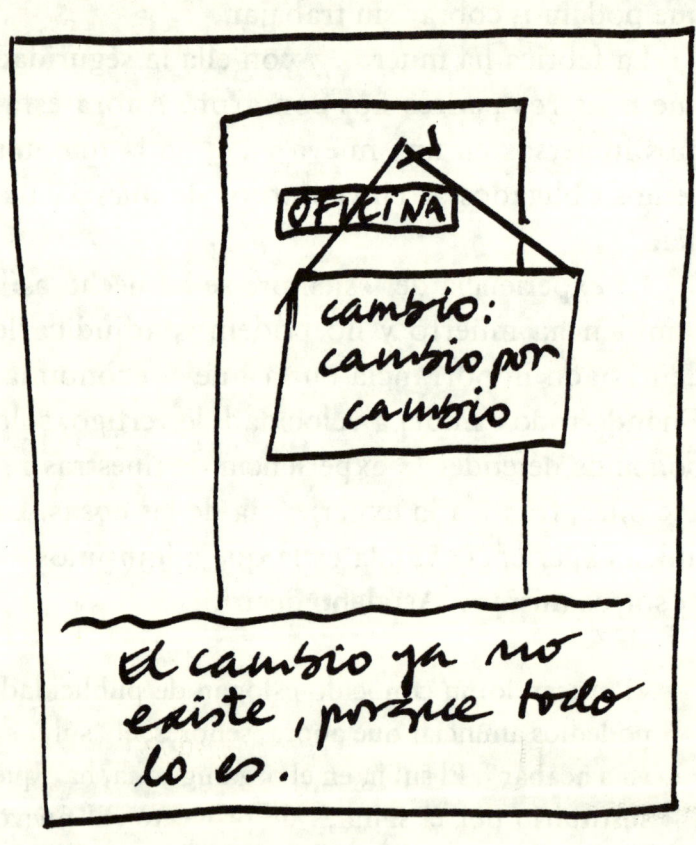

Traspasar

No hemos llegado a la mitad de los compromisos y detecto bastantes bajas. Siempre tengo el número de teléfono de mi psicólogo preparado para llamarle después de una reunión de este tipo si compruebo que ha habido una siesta colectiva.

Utilizo el truco de subir bruscamente el tono de mis primeras palabras para salvar al auditorio de su somnolencia y sigo con mi discurso.

«Ahora quiero anunciarles el quinto compromiso de la nueva etapa de esta compañía. Se trata de algo especialmente importante en nuestros días. Algo para lo cual les pediré la máxima atención hoy y la más profunda profesionalidad mañana.»

La pantalla ha necesitado dos líneas para moldearlo, y los asistentes, un poco más de tiempo para leerlo. Yo utilizo el silencio para pensar en épocas pasadas.

1) Motivados de casa
2) Ayudar a pensar al otro
3) Rendir cuentas
4) Aceptar nuevos proyectos

5) Comunicar para transmitir el conocimiento

La fábrica estaba organizada de tal forma que la información se transmitía por medio de la figura del aprendiz. Pero si la fábrica ha muerto, el aprendiz también, y con él, el método infalible para garantizar una nueva generación adiestrada.

Ahora va todo tan deprisa que nadie puede tener un aprendiz, porque todos lo somos un poco y para siempre. A la vez, la cantidad de información es tan inmensa que no puede ser transmitida en el mismo espacio y tiempo en que se crea.

De esta forma, las empresas invierten en sistemas de información que deben ser alimentados por los empleados para que sean utilizados por sus compañeros y, muchas veces, no lo hacen.

Continúo con una nueva metáfora.

«Estos días he topado con bibliografía sobre las hormigas y he podido saber que, entre otras características, siempre dejan un rastro de comunicación (feromonas, dicen los expertos). De esta forma, sus compañeras de colonia no tienen que hacer ningún esfuerzo cuando otra ya lo hizo antes. —Levanto la mano y les señalo con un dedo interrogador—. Quisiera hacerles una pregunta, ¿dejamos los humanos suficiente comunicación para que nuestros compañeros de trabajo no tengan que esforzarse en algo que nosotros ya hemos hecho antes?»

Miro al auditorio y veo que les han salido antenas a todos. Veo un enorme hormiguero enfurecido que se abalanza sobre mí por quererlos comparar con los humanos. Me ahogan en feromonas y me defiendo como puedo.

«No. No quiero que sean ustedes hormigas ni yo deseo convertirme en el oso hormiguero que las devora. Sólo, insisto, sólo necesitamos que todos trabajemos en equipo. —No me dejo amedrentar por el siseo ofendido y continúo mi explicación—. Entre todos los cursos de habilidades que ustedes han hecho, entiendo que sólo hay una que pueda ser imprescindible en esta nueva economía: el trabajo en equipo. Un equipo interdisciplinario que sabe encajar sus conocimientos en el grupo. Alguien que maneja su información de modo que todo el mundo la entiende y crea valor en la solución del problema que tienen que buscar entre todos. —Me tomo un respiro—. Es necesario que cada uno de ustedes comunique sus experiencias de forma constante y metódica para traspasar su conocimiento a sus compañeros.»

Hago una pausa más larga y matizo.

«Sin coste adicional, claro.»

He visto cómo la gente ha ido a mil cursos sobre trabajo en equipo. *Indoors, outdoors, semiindoors, semioutdoors*, da igual; después nadie trabaja en equipo aunque sepa cómo se hace. En realidad, todo el mundo trabaja en grupito, en su grupito. Y trabajar en grupito no es trabajar en equipo.

El profesor Kenneth W. Thomas acierta sobre el trabajo en equipo. Según sus investigaciones, para trabajar en equipo hay que reunir dos componentes: la asertividad (habilidad de expresar las ideas y necesidades propias) y la cooperación (respetar las ideas y necesidades de los demás). El «grupito» sólo utiliza la cooperación sin asertividad, acomodando sus decisiones para evitar sus propios conflictos. Con ello, sus integrantes consiguen conformarse, pero nunca colaborar en un objetivo de largo alcance. En definitiva, un «grupito» nunca avanza; se divierte, pero no adelanta nada.

El espíritu de un verdadero equipo prospera y también se divierte, porque colabora. Pero para colaborar, hay que comprometerse primero.

Hay situaciones que se parecen al compromiso y que no lo son. Las he visto muchas veces a lo largo de mi vida laboral. Hay personas que tiene

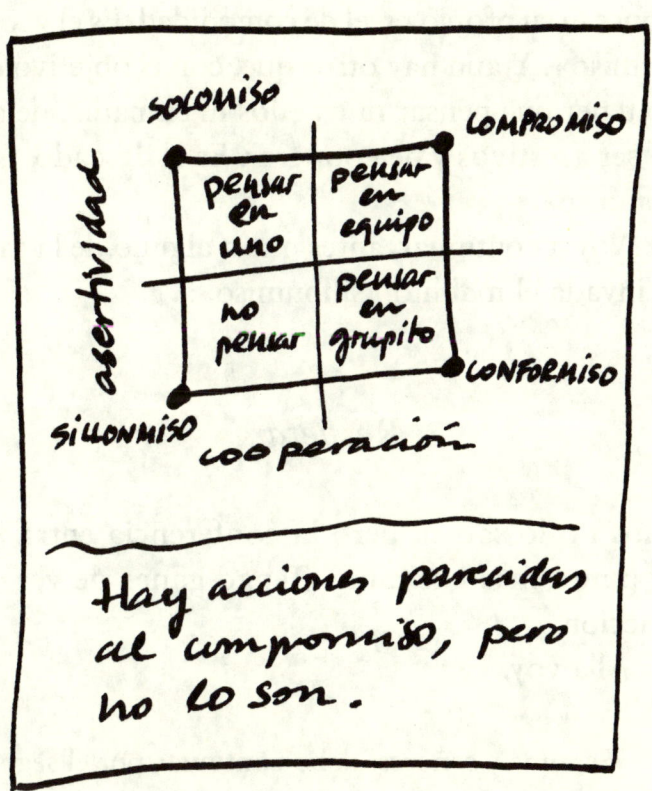

una gran asertividad y defienden sus derechos, pero los demás les importan poco. Es el «solomiso». Hay otros que, con el objetivo de no tener ningún problema, cooperan con quienes creen sus amigos y buscan su propio nivel de comodidad. Es el «**conformiso**». Y aun hay otros que, con el objetivo de no tener que pensar ni en ellos ni en nadie, dejan de ser asertivos y de cooperar. Es el deseado «**sillonmiso**».

Voy a continuar, antes que a alguno de la sala lo invada el maldito «sillonmiso».

Respetar

Ellos no lo saben, pero la conferencia entra en su punto más excitante. Tengo ganas de ver su reacción.

Allá voy.

«Señoras y señores, debo continuar por el segundo tramo de compromisos y deseo hacer una advertencia. Es una advertencia dirigida a mí. Sí, a mí como subgerente general (recuerden que el gerente es el cliente) y también a todos los mandos sin excepción. Estos nuevos cinco compromisos van dirigidos a todos, pero en especial a quienes coordinan equipos, a quienes quieren ser líderes de sus proyectos y que deben ser un ejemplo para sus compañeros. Me refiero a los directivos.»

Pongo un silencio al servicio de la frase que define el sexto compromiso. Miro la pantalla antes de que aparezcan las mágicas letras y certifico que la sala se inquieta en espera de que apriete la tecla del ordenador.

Mágica es la frase.

1) Motivados de casa
2) Ayudar a pensar al otro
3) Rendir cuentas
4) Aceptar nuevos proyectos
5) Comunicar para transmitir el conocimiento
6) Respeto por la persona

Mágica es la cara de todo el mundo, porque les parece cosa de encantamiento que salga este concepto en una lista de compromisos de una empresa. Aquí empieza el verdadero cambio que quiero comunicar.

«Eso es, a partir de esta reunión nadie más le va a faltar el respeto a nadie. Voy a estar pendiente personalmente del comportamiento de mis mandos, pero también de la conducta de todo aquel que no sea capaz de argumentar sus ideas con respeto hacia los demás.»

Hay el mayor revuelo en la sala. Todos comentan sus experiencias con la falta de respeto porque todos han participado en alguna reunión que han oído (o dicho) aquello de «yo respeto mucho tu opinión», para luego darse cuenta de que por detrás han oído (o dicho), «pero me caes tan mal que te voy a ¡hundir!».

Tengo la seguridad de que hay ideas que no son respetables de ninguna manera; sin embargo, y a pesar de sus ideas, todas las personas lo son. Por eso insisto.

«Para tener colaboradores que aporten ideas y ayuden a pensar al otro se necesitan directivos que respeten a las personas. Respetar no significa estar de acuerdo en todo. Pero hay que expresarlo con toda la claridad y a la vez con toda la cortesía con objeto de mantener el respeto por la persona.»

Presiento que la mayoría se ha relajado. Han visto que la relación por compromisos (ahora caigo que podría llamarle RpC) que desea aplicar esta empresa concierne a todos y a todo. Han percibido con claridad que la empresa quiere protegerlos de la emergente falta de respeto que hay por todos lados. Cada día sale una nueva palabra para definir la falta de respeto desde una perspectiva distinta: *mobbing* (entre compañeros y superiores), *bossing* (acoso institucional) o *bullying* (entre escolares). Y una empresa responsable ha de velar por que haya respeto para todos.

Estoy empeñado en que nada de esto ocurra en esta empresa y deseo poner en marcha la RpC (espero que estas siglas no se me peguen demasiado). La Dirección por Valores, que tan de moda se ha puesto en la empresa en estos últimos años, no tiene sentido sin una Relación por Compromisos. El valor de la deportividad, por ejemplo, no puede practicase si no hay marcado un campo de juego (compromiso de límites). Por eso hay tantos valores publicados en las empresas que no sirven, en realidad, para nada. Porque entre el valor y la instrucción falta el compromiso.

«La mejor manera de empezar a respetar a los demás es comprender la complejidad de esta nueva sociedad y no buscar culpables de inmediato. Un directivo debe tener la obsesión por preguntar. Preguntar qué ha pasado, qué no ha pasado y escuchar todas las opiniones. —Veo algún jefe que eleva las cejas como si me perdonara la vida—. De esa manera se sabe cuáles son las ideas respetables

SILENCIO
JEFE PREGUNTANDO

Para respetar a los demás
hay que empezar por
preguntar.

y cuáles no; las personas siempre lo son. Preguntar es un síntoma de respeto que todo el mundo debe practicar. —Me voy relajando poco a poco—. Ser directivo no da ningún derecho especial sobre la persona. Ante todo y sobre todo hay que mantener el respeto personal. Y eso empieza por preguntar siempre antes de tomar una determinación.»

Dirigir

Me parece que lo he dicho (o al menos lo he pensado), pero, en contra de toda la mitología de la libertad sin límites, cuanto más organizada está una empresa, más libre es. Y la transparencia en las normas es clave en la dignidad de las personas.

El directivo antiguo pone las reglas al servicio de sus intereses (o debilidades) y las cambia según varía el tiempo en su pueblo de origen. Es frecuente escuchar a «líderes» decir aquello de «aquí necesitamos gente creativa, que tenga iniciativa y se arriesgue a tomar decisiones». Los empleados, entusiasmados con el discurso, crean, inician y se arriesgan. Entonces viene de nuevo el directivo antiguo y dice: «Pero llegar hasta aquí, tan... tan lejos. Ni hablar. Esto no puede ser». «Pero, oiga, Usted dijo que...» «Sí. Pero no tanto.»

Y la gente *crea* un poco menos, inicia pocos proyectos y se arriesga poco. Entonces vuelve el viejo directivo y dice: «Pero ¿qué pasa, es que nadie va a hacer nada? Es increíble. Si no *creo* yo, me inicio yo y me arriesgo yo, aquí nadie lo hace...» Y así las cosas, la gente deja de crear, de iniciar y de arriesgarse.

Por eso me gusta también el séptimo compromiso. Pulso la tecla y lo hago aparecer.

1) Motivados de casa
2) Ayudar a pensar al otro
3) Rendir cuentas
4) Aceptar nuevos proyectos
5) Comunicar para transmitir el conocimiento
6) Respeto por la persona
7) Coherencia en las decisiones

Voy directo al grano.

«La coherencia es imprescindible para dirigir. El nuevo directivo debe ser coherente en todas sus decisiones. Señores, coherencia viene de herencia, de heredar. Los empleados heredan la demostración de sus directivos. No sus palabras, sino sus hechos. Por eso les pido a todos los empleados coherencia y transparencia para dirigir.»

Los asistentes se pondrían de acuerdo que este punto debe ser manejado desde «arriba». Por eso insisto en ello.

«Estos compromisos son también para mí y para mi comité de dirección. Los primeros que vamos a ser coherentes somos nosotros, y cuando sea necesario cambiar una decisión la explicaremos con la mayor de las transparencias. Por eso les puedo pedir que ustedes lo sean en sus puestos de trabajo y no cambien cada día de parecer. Por muy insignificante que sea su decisión, sean ustedes coherentes, por favor.»

Ahora no sé si me han entendido. No sé cómo van a interpretar todo esto, pero debo arriesgarme. Sé que alguno va a imitar el personaje de Woody Allen, aquel que se tiraba a la platea cada día para no reconocer que había resbalado el primer día que fue al teatro. Argumentarán coherencia en sus decisiones para esconder una cabezona incompetencia.

Controlar

Ahora no puedo dudar. Debo seguir y plantear el octavo compromiso.

«Antes he hablado del compromiso de rendir cuentas. Está escrito en la pantalla. Era nuestro tercer vínculo. Ahora debo reforzar ese compromiso con este nuevo que quiero proponerles. Ya no podemos enzarzarnos en más discusiones sobre cómo se hace nuestro trabajo. No podemos dejar en manos de los directivos la valoración de los empleados, es... es demasiado subjetivo, demasiado arriesgado para todos. Ahora necesitamos otro modelo de control. —Pulso la tecla para que aparezca el mensaje en la pantalla—. Ahora es necesario un control científico, una evaluación científica.»

1) Motivados de casa
2) Ayudar a pensar al otro
3) Rendir cuentas
4) Aceptar nuevos proyectos
5) Comunicar para transmitir el conocimiento
6) Respeto por la persona
7) Coherencia en las decisiones
8) Evaluación científica

Me paro para pensar e improviso una metáfora.

«Después de varios años gastando dinero en campañas de publicidad sin demasiados buenos resultados, se ha cambiado radicalmente de estrategia para reducir el número de accidentes en carretera. Para controlar el tráfico no son necesarios más guardias agazapados a la caza de los conductores imprudentes. Han puesto más radares y cámaras de vídeo, sistemas objetivos que evitan las discusiones entre dos personas que ostentan, de entrada, diferencias de poder y de criterio.»

Me parece que no ha sido buena idea nombrar las cámaras aquí. Voy rápido a solucionar el entuerto.

«Tranquilos, señoras y señores, no vamos a poner cámaras en la empresa. —No puedo resistir la pequeña maldad que me viene a la cabeza y sentencio—: De momento. —Dejo unos segundos de morbo y continúo—. Pero tal como dije antes, en la empresa todo tiene que estar reflejado en indicativos y, en consecuencia, la empresa está obligada a encontrar un sistema de control científico que esté por encima de las opiniones de sus directivos. —Vuelvo a dejar una pausa y dispongo—: Y que controle al gerente también, claro.»

La Dirección por Objetivos formulada por Peter Drucker hace 50 años todavía tiene vigencia hoy. Pero como toda idea de *management,* necesita una adaptación a nuestros tiempos. El mayor reto de la empresa del siglo XXI será encontrar un sistema científico de control que supere en objetividad a todos los creados hasta ahora. Para ello deberá tener dos constantes innegociables: el cliente y el trabajo en equipo. Es decir, el objetivo es responsabilidad del equipo y no del individuo y el resultado ha de ser analizado en el cliente y no en la empresa.

«Pronto van a recibir ustedes la visita de unos expertos que los ayudarán a definir los retos a los que se enfrentarán el año que viene. También pactarán los indicativos y la remuneración según su consecución.»

El revuelo es ya considerable. Elevo la voz para superar el ruido de los murmullos.

«El departamento de Recursos Humanos va a liderar este proceso; se apoyará en una empresa ajena a nosotros en el intento de objetivar al máximo sus consideraciones y evitar que nuestra relación enturbie las decisiones finales. Todo con el propósito se ser lo más objetivos posible.»

Sé que queda mucho camino por recorrer y que alguno de ellos aprovechará el tiempo a su favor, confiando que todo fracase. Lo sé. Pero por el respeto a las personas que son honestas y por su empeño en que las cosas salgan bien, debo luchar para hacerlo cuanto antes. Por esa gente vale la pena luchar. Lo que no sé es si estoy consiguiendo lo que quiero. Después de tantos años de gerente, de tantos años de trabajo, presiento que algunas cosas que dicen en las escuelas de administración han de ser revisadas.

En el fondo pienso que nadie puede *ser* líder. Se puede *estar* líder, pero no *ser* líder. Es decir, el liderazgo (aparte de ser un reconocimiento de los demás) es un estado transitorio. Un estado de llegada, pero nunca de salida. En otras palabras, uno puede acabar siendo líder al final de su jornada laboral, gracias a haber cumplido con la RpC (se me pegó). Pero al día siguiente, al inicio de una nueva jornada laboral, empezarás de cero. Ya no *está* líder, ha de ganárselo de nuevo.

Respeto, coherencia, objetividad y transparencia son las actitudes que hacen de una persona un líder en la economía actual. Todo lo demás (trabajar en equipo, sobre todo) son habilidades que todo el mundo debería conocer, no solamente el líder.

En el fondo, las personas deberían liderarse a sí mismas y ser responsables con sus compromisos. Un verdadero líder lo es de proyectos, pero, por respeto a ellas mismas, nunca de personas.

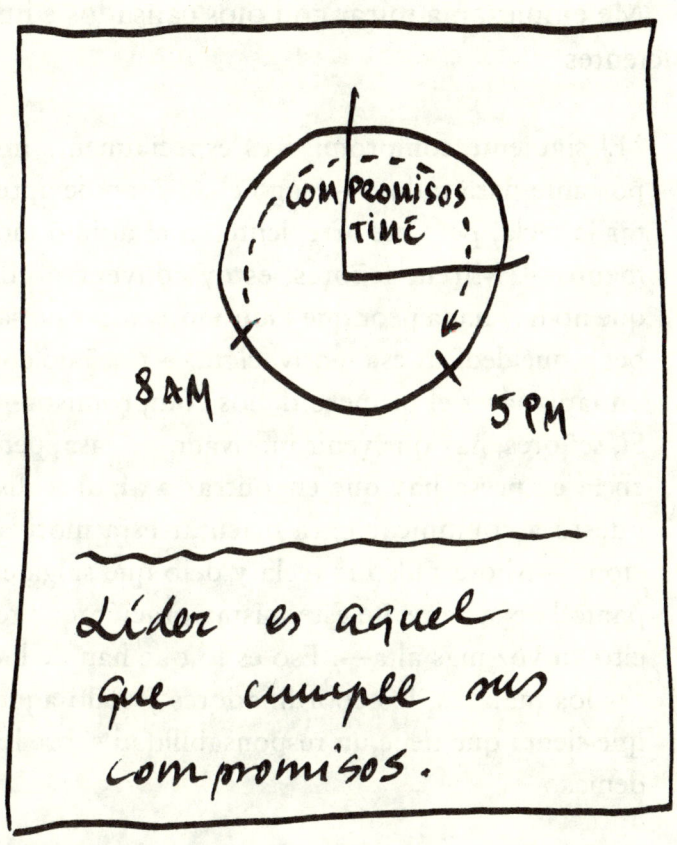

Orientar

Me quedan dos compromisos y la gente está esperando que termine.

Me empiezan a mirar con ojos cansados e impacientes.

«El siguiente compromiso es especialmente importante para todos. —Hago el ademán de apretar la tecla, pero me arrepiento en el último momento—. Miren, señores, estoy convencido de que no hay nada peor que estar motivado y no saber a qué dedicar esa motivación. —Y señalo con un lápiz láser el primero de los compromisos—. Sí, señores, hay que venir motivado de casa, pero en la empresa hay que encontrar a alguien dispuesto a comunicar para orientar esta motivación. —Ahora pulso la tecla y dejo que salga en pantalla exactamente este misma oración que recito en voz más alta—. Eso es lo que han de hacer los mandos, los coordinadores y todo aquel que sienta que tiene un responsabilidad sobre los demás.»

1) Motivados de casa
2) Ayudar a pensar al otro
3) Rendir cuentas
4) Aceptar nuevos proyectos

5) Comunicar para transmitir el conocimiento
6) Respeto por la persona
7) Coherencia en las decisiones
8) Evaluación científica

9) Comunicar para orientar la motivación

Los que vienen motivados de casa lo saben. La energía de la automotivación es tan poderosa que si no se hace con orden y responsabilidad, puede fastidiarse todo.

Todos hemos tenido la experiencia con un amigo en las fiestas de cumpleaños. Siempre hay quien, por su afán de ayudar, empieza a reorganizar la fiesta sin preguntar nada: «Bueno, pues ya está, ya he untado el pan, ¿dónde están los embutidos? ¿Qué más hago... que más hago... que más hago?». «Pero, bueno, si hemos pedido unas pizzas... ¡ya te has cargado el pan de la cena de la abuela!»

La motivación debe orientarse hacia aquello que sea más efectivo para el cliente. Y para que así sea el directivo tiene la obligación de comunicar constantemente para dibujar en la mente del empleado el camino hacia el cual dirigirse.

Que un empleado venga motivado de casa no significa que sepa qué tiene que hacer. Es responsabilidad del directivo hacer hincapié en la dirección (de ahí la palabra «directivo») en la que el empleado debe orientar sus energías.

La motivación procedente de casa es el centro de todas las actitudes y de ella también depende el comportamiento espontáneo de los empleados, por lo que es necesario canalizarla. Ésa es una responsabilidad de los directivos ya que, de no dejar claros los objetivos de la empresa, los empleados no podrán priorizar entre todas las acciones que han de ejecutar y la automotivación se perderá en acciones sin valor.

La comunicación interna es responsabilidad de cada directivo en su territorio natural. El directivo no puede aducir que *esto* de la comunicación interna es un tema de la empresa, porque es su principal labor como directivo del futuro.

No podemos perder de vista la naturaleza de la comunicación: si un directivo no comunica, lo hará su «alien» (ese «bichito» que tenemos los humanos en la cabeza que se inventa la información que más le conviene cuando no tiene comunicación). Y cuando el «alien» habla, el directivo pierde la capacidad de gestionar la motivación del empleado y se malogra cualquier estrategia para no desmotivarlo. Hoy en día el poder ya no está en retener la información, sino en darla primero.

comunicación

desmotivación

A más comunicación, menos
desmotivación. Pero, a
menos comunicación,
Más desmotivación

Desmotivar

Y a eso me quiero referir en el último compromiso.

«Puede que hasta aquí les haya parecido que lo que digo es, algunas veces, extraño y otras, obvio. Sé que el primer compromiso les ha llamado la atención y que están esperando este momento con mucho interés. Cualquier décimo compromiso (como cualquier décimo mandamiento) ha de encerrar alguna sorpresa final.»

Me miran ahora con más incredulidad que expectación. Cuando preparaba la reunión estaba convencido de que llegaría a este punto de la mano de estos sentimientos. Sabía que no podría convencerlos en una sola mañana, pero presentía también que no podía dejar de hacer este ritual de iniciación que hoy está terminando.

A final de cuentas, sé que mucha gente resumirá la sesión refiriéndose al sueldo que cobra. Es cierto que hay gente que cobra una miseria por su trabajo, lo es también que la mujer está mal pagada y es una injusticia. Pero no es válido considerar el sueldo como el único factor de desmotivación. Una vez pactado el sueldo (el que sea, por las razones que sean) hay que luchar en la empresa (dentro, por un nuevo sueldo) aportando profesionalidad y motivación de casa.

Y también pidiendo un nuevo compromiso. Un buen jefe es consciente de la magnitud de ir motivado a trabajar y procura mantener la automotivación de sus empleados durante toda la jornada laboral. Y eso conlleva, a la vez, una actitud mental que incluye su propia motivación.

Puede que haya dejado la sensación de que mi mensaje es tan sólo para los jefes. O sólo para los empleados. Sé que cada uno de ellos mirará al otro para culparlo de sus males. En los pocos meses que llevo en esta empresa nadie me lo ha preguntado, pero antes de ser gerente he sido empleado, un asalariado de a pie que he sufrido las incongruencias de algunos jefes, su falta de respeto o su peculiar y subjetiva forma de evaluar. También como jefe he sufrido la falta de profesionalidad de algunos empleados. Y como jefe y empleado he padecido por culpa de mis iguales.

Por eso he querido dirigirme de esta manera a mis empleados y a mis jefes, para hacerlos responsables a unos y a otros de su verdadero papel. Los empleados deben exigirse venir motivados de casa para poder exigir a sus jefes que no los desmotiven a los largo de la jornada laboral. Su dignidad como personas, las de los empleados y los jefes, está en juego en esta nueva economía.

«Bien, señoras y señores, y como todo decálogo ha de ser resumido en dos, déjenme que les diga el décimo compromiso que, junto con el primero (motivados de casa), definirá muy bien la nueva etapa de esta empresa. —Hago una pausa, me preparo para teclear el ordenador y continúo hablando para terminar—. El décimo pacto que acaba con la lista es el más importante en la nueva etapa de esta empresa y les pido a todos que presten mucha atención. De este décimo vínculo depende que el primero se pueda cumplir. —Ahora sí, pulso de nuevo el ordenador y me desplazo unos pasos desde donde estoy con objeto de acercarme a la pantalla. Me pongo al lado de la frase que va a tardar un poco en salir gracias a la personalización de retardo que he programado en este punto, y señalo con el dedo mientras digo con parsimonia—: Señoras y señores, el décimo compromiso de esta empresa es...»

1) Motivados de casa
2) Ayudar a pensar al otro
3) Rendir cuentas
4) Aceptar nuevos proyectos
5) Comunicar para transmitir el conocimiento
6) Respeto por la persona
7) Coherencia estratégica
8) Evaluación científica

9) Comunicar para orientar la motivación
10) No desmotivar al motivado de casa

Contemplo fijamente el último dibujo del círculo de la motivación que hice en la preparación de la reunión.

«Éste es el nuevo reto de esta empresa. Si todos los empleados hemos de venir motivados de casa, lo que aquí suceda, lo que suceda con las relaciones con los jefes y con los compañeros, no ha de desmotivarlos. Eso no significa que no haya roces o esta empresa se convierta en una balsa de aceite sin penas y alegrías. —Sacudo la cabeza y sigo con contundencia—: Nada de eso. Se trata de empezar motivado cada día para tener la fuerza suficiente para cumplir con el resto de los ocho compromisos de la lista y saber que se ha conseguido el décimo a la hora de volver a casa. Por eso, no es necesario que nos dediquemos a motivar a nadie, tan sólo que procuremos no desmotivarnos será suficiente. —Hago un largo silencio y sentencio—: Estoy seguro de que si lo conseguimos nuestra empresa, nuestra propia vida y nuestra familia nos lo agradecerán.»

Muevo de nuevo la cabeza y respiro hondo para terminar. Antes me irrumpe un pensamiento sin control. Todavía no he descubierto por qué se enamora la gente, pero ya he comprendido cuál es la razón por la que las personas se acaban queriendo: porque encuentran a alguien que las ayuda a pensar en los momentos de dificultad.

Quizá si hubiera aceptado más compromisos en mi vida privada y no me hubiera dedicado despiadadamente al trabajo, no me encontraría solo y ahora tendría a alguien junto a mí que me ayudaría a pensar.

A pesar de ello, me despido con la sensación de que he empezado una nueva etapa en todos los sentidos.

«Muchas gracias a todos.»

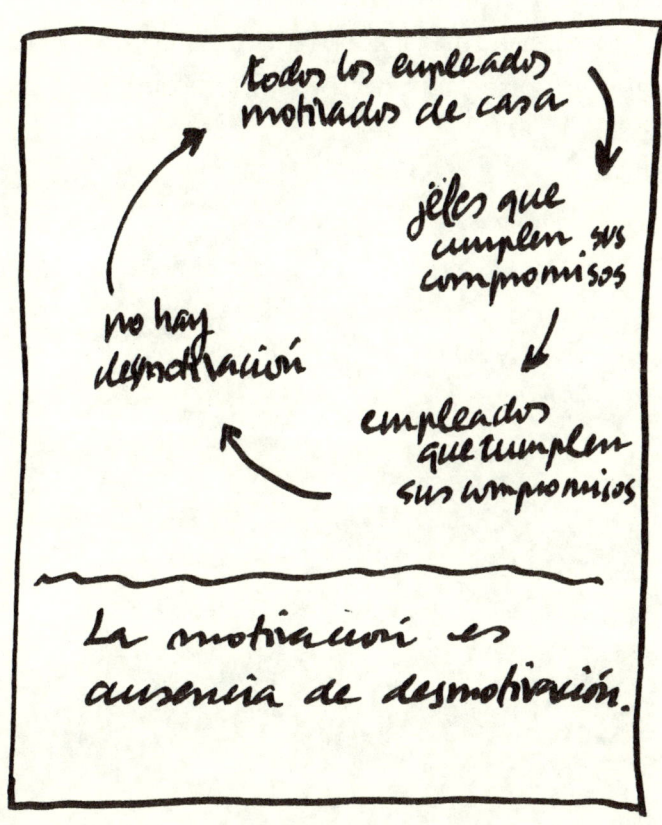

todos los empleados
motivados de casa

jefes que
cumplen sus
compromisos

no hay
desmotivación

empleados
que cumplen
sus compromisos

La motivación es
ausencia de desmotivación.

El Lovework

El verdadero significado de las cosas se encuentra al tratar de decir las mismas cosas con otras palabras.

CHARLES CHAPLIN

En la reunión todos han percibido la voluntad del gerente de introducir cambios radicales en la gestión de los recursos humanos. Se trata de una transformación que parte de las acciones *hard* indispensables, aunque no pueden ser consideradas por sí solas definitivas para obtener el Lovework; la cuestión es, además, cumplir los diez compromisos en la relación diaria entre jefes y empleados.

Lovework es un neologismo que define el verdadero significado de una emoción de siempre: la felicidad en el trabajo.

La búsqueda de la felicidad es una constante en la humanidad; la buscamos con desesperación.

Un empleado de MRW fue clarividente en su respuesta cuando un agente de seguridad de uno de sus clientes le preguntó formalmente:

—¿Qué busca? —le dijo el vigilante en la garita de entrada.

—Busco la felicidad... y un paquete que tengo que llevar a Valladolid —contestó con buen humor el mensajero.

Sí, todos buscamos la felicidad, pero es más fácil encontrar el paquete para Valladolid.

La felicidad es un trayecto que Eduard Punset ha definido en su magnífico libro *El viaje a la felicidad* como el placer de tener un compromiso en la vida. Aquí es donde el amor, el compromiso y la felicidad hacen un paquete inseparable.

Los expertos en comunicación afirman que «el lenguaje prepara a la mente para actuar». Y ahí están todos los problemas y a la vez todas las soluciones: en las palabras.

Veamos la definición de compromiso: deber, aprieto, trance, dificultad, obligación, problema. Peligro, riesgo. Y entre estas palabras, otras de más calado: pacto, convenio, contrato, responsabilidad. De ello se puede deducir que para mucha gente la palabra **compromiso** tiene connotaciones negativas, de carga y de desagradable obligación.

Seguro que alguna vez habremos oído, en tiempos de Navidad, la consabida excusa: «¡Uf!

No sé si podré venir. Tengo una cena de compromiso...»

En la sociedad actual los valores mutan demasiado deprisa para ser un referente ideal y es necesario comprometerse con acuerdos claros y concisos. Desde esta perspectiva, un **Compromiso** (en mayúsculas) debería verse más como una «promesa conjunta». Una promesa compartida entre dos partes con el objeto de ser más felices.

Comprometerse es, pues, una promesa real para experimentar el amor y sentir la felicidad. Y para eso se necesitan siempre dos partes. Aquí también, como dicen los anuncios de patatas fritas, con una sola no basta.

La sociedad es compleja y los retos de la empresa, que deben terminar con la implantación de unos Compromisos Esenciales, necesitan en su inicio plantear más decisiones.

Aparte de no maltratar la premisa de Lovework (transparencia) y de tener claro el objetivo del Lovework (crear un ambiente laboral de respeto) hay cuatro decisiones que una empresa ha de tomar para iniciar su viaje al Lovework. Son el equipaje —cuatro "maletas"— necesario para afrontar los retos que demanda la nueva economía.

1. Centrar toda la gestión en el cliente. No hay empresas sin clientes. El cliente no siempre tiene la razón, pero es la razón de ser de la empresa (pública o privada y la pública, por razones obvias, más). La organización piramidal está muerta, como la fábrica, así que ¡viva la organización circular! La única forma de supervivencia de la empresa moderna es tener siempre Clientes Contentos de Verdad.

2. Basar la política laboral en la Compensación Total. Los empleados no son un número, y tampoco un sueldo. La compensación total atiende a la idea de que la retribución al empleado no ha de ser sólo en efectivo, sino que ha de proporcionar otros beneficios (plan personal de carrera profesional, ayudas a estudios, seguro de vida y otros).

3. Conciliar la vida laboral y la familiar. Las empresas han de incorporar políticas y medidas para facilitar nuevos horarios, servicios para lo hijos, los padres y las madres. La Empresa Familiarmente Responsable (EFR) resulta más atractiva para los empleados al conseguir una mayor calidad de vida y posibilitar una mayor dedicación a la vida privada y familiar. Las empresas han de ser competitivas a la vez que respetuosas con la conciliación de la vida laboral y familiar.

4. Innovar. En palabras de Alfons Cornella, de Infonomía, es la suma de Ingeniería e Imaginación. En consecuencia, las empresas preparadas para viajar al Lovework son aquellas que innovan sus productos para fusionar lo inteligente con lo bonito. Enamoran a sus clientes por su capacidad de encontrar nuevas categorías de productos con gran contenido sensorial.

Pero, sobre todo, preparan a sus empleados para ayudar a pensar al otro. Éste es el verdadero salto cualitativo en la innovación en las empresas: su capital humano pasa a ser un capital intelectual, y el capital intelectual, capital para ayudar a pensar al cliente o al compañero. Los conocimientos de un empleado son conocimientos muertos en su cabeza si no sirven para ayudar a pensar a otro. Cuando esto sucede, ya es el **capital intelectual de servicio.**

Ciertamente, estas cuatro decisiones son indispensables, pero no suficientes por sí mismas para hallar el Lovework.

El Lovework se encuentra (como la felicidad) el día que se siente en el corazón. Como en el fútbol, la vida es una cuestión de detalles. Y es en este campo donde se dan todos los resultados. Para saber si se gana el partido al egoísmo, al individualismo y a la indolencia hay que jugarlo. Hay que comprometerse, correr y sudar. Hacerlo profesionalmente dentro de las reglas de juego y luego disfrutar de la familia. Ahora bien, dentro del campo hay que dejarse la piel por defender el compromiso adquirido.

En síntesis, el Lovework es un viaje que tiene como premisa la transparencia y la claridad en las relaciones dentro de la empresa. Está pensado desde un objetivo: crear un ambiente laboral donde valga la pena hacer caso al despertador; para ello necesitaremos un equipaje formado por cuatro maletas: centrarse en el cliente, compensación total, innovar y conciliar la vida familiar. Si se tiene todo esto, ya se puede empezar el viaje al Lovework.

A partir de aquí el itinerario está trazado para que jefes y empleados se apeen en cada una de las diez estaciones que conforman el trato diario basado en la Relación por Compromisos.

Cada día tendremos que recorrer el camino para hacernos responsables de nuestra motivación, para ayudar a pensar a un cliente y a un compañero, para estar dispuestos a rendir cuentas y manejar retos, para aceptar y buscar nuevos proyectos en la empresa y para compartir con los demás el conocimiento adquirido.

También los directivos tienen su itinerario para asumir sus compromisos esenciales: respetar a todas las personas, comunicar para ayudar a pensar a los empleados en el futuro, buscar siempre el sistema más justo y científico para recompensar, buscar argumentos coherentes para defender sus decisiones y, por último, no desmotivar a la persona que viene motivada de casa.

En definitiva, el Lovework es un viaje en sí mismo en busca de sí mismo.

Aunque aún hay preguntas cruciales que siguen en el aire.

¿Cabe la palabra amor en el contexto del trabajo? ¿Puede alguien enamorarse del trabajo como pretende el Lovework? ¿Es aquí también la palabra amor la más bonita?

Cuando hablamos utilizamos muchas veces el adjetivo posesivo para describir nuestro contexto más personal: mi mujer, mi hombre, mi trabajo, mi empresa. A pesar de ello sabemos que cualquier acción llevada al extremo para reivindicar la posesión puede llevarnos a engaño. Del mismo modo que «nada» es «mío», en el sentido más estricto, si no puedo demostrar su propiedad, «nadie» es «mío» si ese alguien no quiere ser considerado expresamente «tuyo». Es por eso que el amor como vínculo emocional juega un papel crucial en el Lovework.

Puede que para entender el Lovework definitivamente tengamos que recurrir de nuevo al mundo de la pareja.

Tal y como dice para sí el gerente en la recta final de su reunión con los empleados, es muy difícil explicar por qué se enamora la gente. Posiblemente sea una reacción emocional que tiene poco de racional: hay una información escasa y mucha invención por las dos partes. Es una especulación y una esperanza loca de felicidad del «alien». En nuestro contexto, esta situación inicial no es Lovework.

Es cierto que alguien puede enamorarse de una empresa por sus productos sin conocerla de verdad y de ello extrapolar su enamoramiento por trabajar en ella. Pero el Lovework no es una emoción iniciática, de expectativas, sino real y finalista.

En la pareja sucede lo mismo. Al principio los seres humanos se enamoran de la persona en sí (no podemos hacerlo de nada más, porque no hay nada más). Luego aparecen los hechos irrefutables y la cosa se complica. Aquí es cuando se produce el viaje al que nos referimos en el Lovework, donde las parejas negocian sus compromisos y acaban por racionalizar su relación. Y a partir de este momento aparece de nuevo la emoción. De pronto el concepto **amor** adquiere sentido: las parejas se acaban enamorando, no ya de la persona, sino de la relación en sí. Esto es el Lovework.

Cuando una empresa consigue que la relación diaria sea capaz de enamorar a sus empleados, esto es Lovework. El concepto *love* tiene sentido cuando empleados y jefes cumplen sus compromisos y racionalizan su relación hasta convertirla en una emoción finalista y que motive.

Nadie en sus cabales rechazaría un trato así. Nadie le daría la espalda a una relación de pareja que tuviera este final.

Es por ello que el Lovework ha de despertar en los empleados las ganas de trabajar en una empresa capaz de embarcarse en esta aventura, capaz de tener unos jefes que cumplan sus compromisos para alcanzar los suyos también.

Los jefes deberán tener claro que habrá que releer las claves de la motivación y el liderazgo desde una perspectiva más abierta. No hay éxito en la pareja si no es una cuestión de dos.

En la empresa sucede lo mismo. Por eso es tan importante saber trabajar en equipo (en realidad, es pensar en equipo). La nueva unidad de referencia del trabajo ya no es aquella de «un empleado un puesto de trabajo», como en la fábrica. En la nueva economía la unidad de referencia es de tres: dos empleados y un cliente. Es decir, de tres integrantes para que se dé la génesis del Lovework: todo empieza cuando alguien ayuda a pensar a un cliente y tiene a alguien que le ayuda a pensar a él.

Sería aventurado decir cómo acabará la unidad de referencia de la pareja. De momento, sepamos que el amor viene de reconocer (como dice nuestro gerente) que se ha encontrado a alguien que ayuda a pensar en todos los momentos necesarios.

En la empresa todo empieza por ayudar a pensar a otro, continúa por cumplir los compromisos y termina por sentir la emoción de querer volver el día siguiente a trabajar. Perdón, a ayudar a pensar a otro.

Es el Lovework ¿no lo ve?

El diagnóstico

*Jamás aceptaría pertenecer a un club
que me admitiera como socio.*

Groucho Marx

Si motivo es la razón que nos mueve a obrar o actuar, motivación será la acción de obrar o actuar. Así, motivo y motivación son algo privado de cada individuo.

En la medida en que somos prisioneros de nuestras emociones y nuestro entorno, es decir, de una combinación de aspectos privados y públicos, deberíamos aprender la combinación de emociones y razón que debemos emplear en el trabajo, en la casa y en la ciudad. Y para ello deberemos tener un modelo de referencia al que acudir para examinar esta combinación contradictoria de reacciones y juicios.

En nuestra sociedad este modelo no puede ser

otro que el de los compromisos. El ser humano ha de saber obligarse consigo mismo para poder hacerlo con los demás en cada uno de los ámbitos de la vida.

En consecuencia, la fórmula para motivar a los demás es comprometerse a no desmotivarlos. Y sólo se consigue —como dice el gerente de nuestra historia— si se respetan los compromisos que hay entre estos dos.

Por otro lado, la automotivación empieza cuando reconocemos que somos imperfectos y termina por querer dejar de serlo aunque sólo sea un poco. Es nuestro compromiso con Darwin para dentro de un millón de años.

Mientras no llega otro milenio, hagamos algo para mejorar el presente.

Para mejorar debemos saber dónde estamos y con ese objetivo sugerimos un juego de autodiagnosis.

Las preguntas clave son: ¿Está usted en una empresa que toma las decisiones en busca del Lovework? ¿La relación diaria con sus directivos o sus empleados busca el Lovework?

Utilice los gráficos de las siguientes páginas y sabrá en qué punto del Lovework se encuentra.

¿La relación diaria entre directivos y empleados va en busca del Lovework?

Marque del 0 al 10 en la escala del gráfico el grado de cada uno de los ítems, enlace los puntos resultantes y tendrá el Loveworkgrama de los directivos de la empresa (o el departamento) que audite.

Loveworkgrama de los directivos

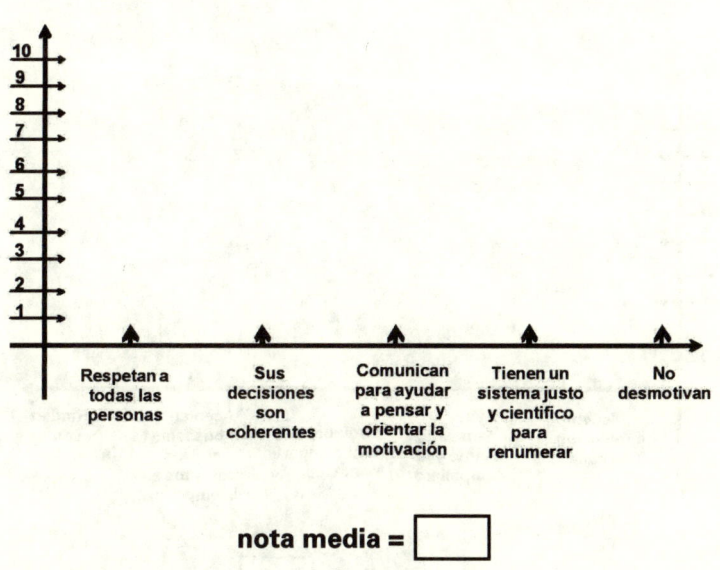

Respetan a todas las personas	Sus decisiones son coherentes	Comunican para ayudar a pensar y orientar la motivación	Tienen un sistema justo y científico para renumerar	No desmotivan

nota media = ☐

¿La relación diaria entre empleados y directivos va en busca del Lovework?

Marque del 0 al 10 en la escala del gráfico el grado de cada uno de los ítems, enlace los puntos resultantes y tendrá el Loveworkgrama de los empleados de la empresa (o el departamento) que audite.

Loveworkgrama de los empleados

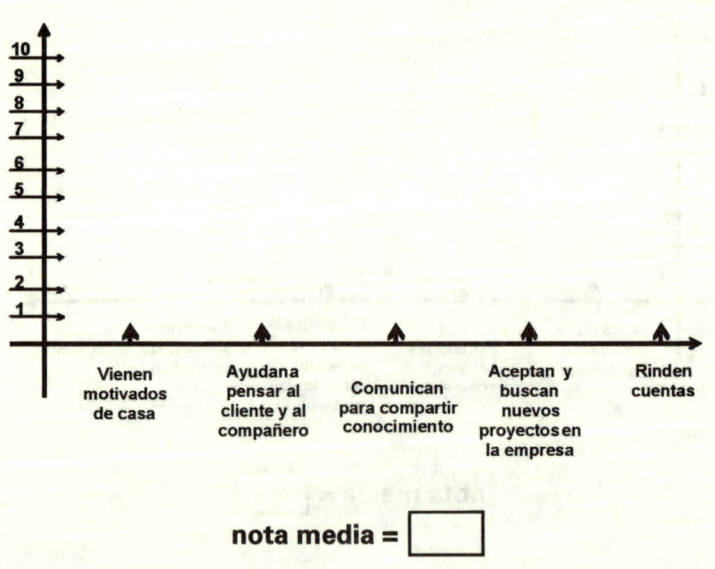

nota media = [   ]

¿Está usted en una empresa diseñada para viajar hacia el Lovework?

En este gráfico puede auditar si la empresa está predispuesta a viajar hacia el Lovework. Finalmente sabrá que nivel de Lovework se da en ella y reconocerá su grado de atractividad. Trate de poner un punto en la escala del 0 al 10 valorando las cinco áreas del gráfico.

Cuando diagnostique el ítem de los Compromisos Esenciales* sume las notas medias del Loveworkgrama de los directivos con la de los empleados y divídalo por dos.

Loveworkgrama de la empresa

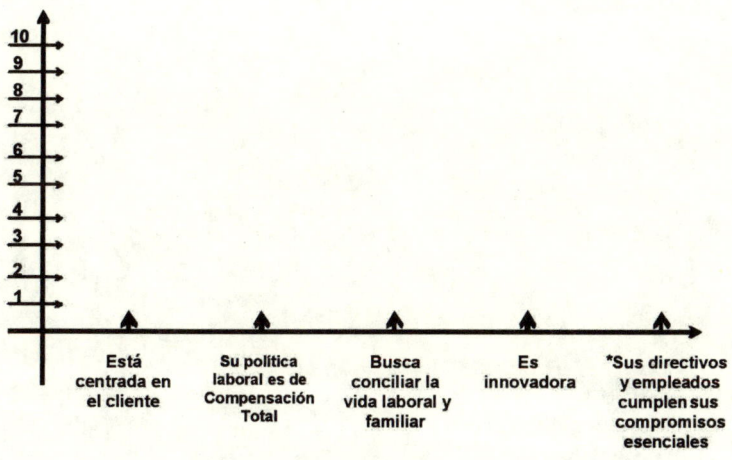

El resultado

Uuuuuuuuuuuuuuh.

Si desea saber si el nivel de Lovework de su empresa (o departamento) es el adecuado puede comparar sus Loveworkgramas con los de alguien que trabaje en otra empresa (u otro departamento).

Pero si desea hacerlo con el modelo de referencia por el cual deben ser juzgadas las empresas modernas, utilice la correlación siguiente.

1) Los ítems que se mueven entre el 0 y el 4 indican una empresa donde la relación cotidiana es nefasta. Castiga a sus integrantes en sus valores esenciales y la desmotivación es el inicio de todos los males. Celos, envidias y agravios comparativos corroen el alma de la gente

que inevitablemente se levanta de la cama para sufrir los estragos del *tripalium*.

2) Los ítems que han quedado entre el 5 y el 8 garantizan una vida cotidiana de sacrificio. Con altos y bajos. Con días más buenos que otros, pero con la idea que trabajar es un castigo que hay que soportar.

3) Tan sólo las empresas (o departamentos) que están entre el 9 y el 10 pueden considerar que el destino final del viaje Lovework está muy cerca.

El no Lovework

Hacer el trabajo bien hecho no es un logro frente a lo malo, sino una obligación de lo normal.

LOS AUTORES

Y si no es Lovework, ¿qué es?

Después de hacer todo el diagnóstico está en disposición de visualizarlo y hacer un dibujo de lo que siente. Ponga un círculo en el gráfico de la página 115 donde perciba que se encuentra la relación diaria entre jefes y empleados.

Si percibe que los empleados y los directivos están poco comprometidos haga un círculo en *deathwork*. Todo está muerto. La motivación de todos lo está. La empresa pronto lo estará.

Si siente que los empleados van motivados de casa, pero se encuentra con jefes que no cumplen

113

sus Compromisos Esenciales, haga un círculo en *frustrawork*. La desesperación llega pronto y con ella la desmotivación. Patricia Cryer y Lewis Elton afirmaron en 1988 que era muy difícil recuperar a un empleado frustrado. Aseguraron también que un empleado frustrado es el que ejerce mayor rebelión.

Si ve que los empleados no van motivados de casa y no practican sus Compromisos Esenciales en un ambiente de fuerte motivación de los jefes, haga un círculo en *warwork*. Es la guerra. Con toda seguridad hay muchas pirámides organizacionales que levantar y mantener. Todo ello provoca muchos heridos.

Pero si percibe que los empleados y sus jefes están comprometidos entre sí y ponen en práctica sus promesas esenciales puede hacer un circulo en Lovework. Sienta el placer de tener un ambiente que le garantiza su parcela de felicidad en uno de los tres ámbitos de la vida. Ya puede enamorarse de su trabajo.

Pero hay otra forma para saber cómo está uno de Lovework.

Haga el test del despertador.

Recuerde: si cuando suena el despertador tiene la sensación de que ha de ir a trabajar en lugar de ir a ayudar a pensar a otro, no vaya.

Mientras tanto, consulte la web www.lovewor konline.com

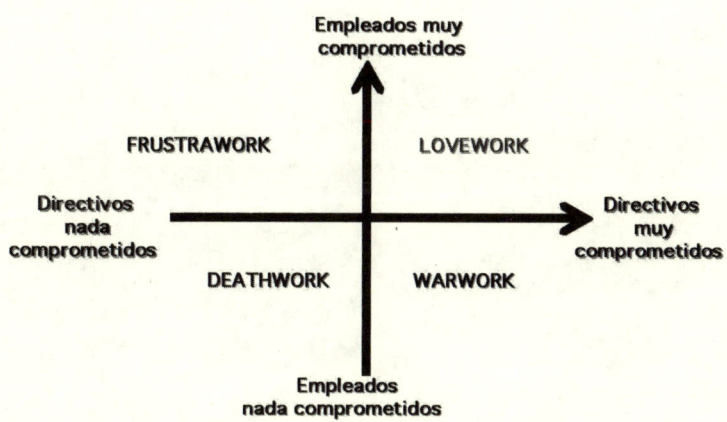

La inspiración

*A Dios lo que es de Dios y al César
lo que es del César.*

JESUCRISTO

El Lovework es una idea de los autores, pero tiene su génesis en un ingenio anterior. A finales de febrero habíamos entregado el manuscrito de este libro a la editorial. En aquellos días se hizo la presentación en el Círculo Ecuestre de la empresa Global Speakers Management que tan bien dirige Alexandra Mezquita. Se trataba de hacer la presentación en sociedad y dar a conocer el *book* de *celebrity speakers* (al que tenemos el honor de pertenecer) con los que trabaja. Entre ellos estaba Antonella Broglia.

Antonella deleitó a los asistentes con su capacidad de compartir conocimiento, ayudando a pensar a los que la escuchábamos, respetando nuestro tiempo y no desmotivando a los que estábamos pendientes de su conferencia sobre las *lovemarks*. Su visión de cómo tener una marca que enamore nos sedujo a todos.

Aquel «meme» (el gen del cerebro) creó conexiones en el nuestro y nos preguntamos: ¿Si existen las *lovemarks* puede existir el Lovework?

Un repaso al manuscrito nos llevó a la definitiva conclusión. Kevin Roberts, CEO Mundial de Saatchi&Saatchi había creado el concepto *lovemarks* con la aparición del libro *Lovemarks: El futuro más allá de las marcas*, publicado en esta misma editorial, y nosotros podíamos rebautizar ese concepto para hablar del trabajo que enamora. En definitiva, Lovework es el trabajo que no desmotiva, aquel que cuando suena el despertador, por la mañana, te apetece acudir. El manuscrito así lo decía, sólo nos faltaba explorar en el nuevo concepto.

Gracias Antonella Broglia.

El agradecimiento

Habla para que yo te conozca.

SÓCRATES

Agradecer significa mostrar gratitud por algo recibido. Si el agradecimiento ha de estar a la altura de lo que nos han entregado, estas líneas nunca serán suficientes. Aunque estaremos en deuda con ellos para siempre, esperamos, con estas letras, devolverles la primera cuota de agradecimiento.

Vaya el primer comentario de gratitud para Ana de Pablo e Ismael Roldán. Ellos fueron los promotores de la conferencia en Tortosa donde presentamos por primera vez los 10 retos de la Relación por Compromisos. Sus comentarios en la preparación nos ayudaron a mejorar el manuscrito en su recta final.

También queremos agradecer a Ignasi Torrents (un excelente alumno de la Universidad Pompeu Fabra y eficaz empleado de La Caixa) sus comentarios al oír los primeros ensayos hablados sobre el giro de 180° sobre el concepto de la motivación que se plantea en este libro.

A Eduard Abello queremos corresponderle su inteligente sinceridad. Sabe encontrar el matiz más interesante para mejorar cualquier cosa que se le ponga delante.

A Albert Roger le reconocemos sus comentarios directos y claros. Gracias a ellos el libro ha ganado en perspectiva.

A Carlos Jordana le agradecemos su disponibilidad incondicional. Leyó el manuscrito, nos dio opiniones de gran calado en maravillosas conversaciones sobre la situación actual del hogar, el trabajo y la ciudad.

A Josep Nogué, de Sedatex, que respondió a nuestra desesperada llamada de conseguir una definición etimológica de compromiso. A él le debemos la sabia definición de compromiso como una «promesa compartida».

A Pol Pérez le agradecemos sus hábiles comentarios, pero sobre todo sus ánimos para seguir escribiendo.

A Elisabet Acosta le reconocemos sus sugerencias y valiosas aportaciones. Sin duda, el interés que mostró por el proyecto desde su inicio nos alentó a seguir trabajando en él.

A Juan Candelas, Fernando Jiménez y Araceli Ruiz directivos de Mutua General de Seguros a los que agradecemos sus consejos desde la experiencia rectora. A Germán Martínez y Mariana Gaminde que compartieron con nosotros sus impresiones sobre las ideas que planteamos.

De Carmen Melis admiraros su disposición por compartir sus profundos conocimientos sobre motivación y liderazgo en las organizaciones. A Motse Badía, Carolina Díez, Francesc Espinosa, Jordi Casas, Carlos Quero, Xavier Sampere y Enrique Nieto con los que compartimos las ilusiones de la idea inicial.

A Barcelona Moda Centre y a su directora Ana Adell, que nos permitió ensayar la esencia de este libro, y a Amadeu Barbany, de Centre Granollers, que nos permitió hacer la primera conferencia sobre Lovework.

Carlos Martínez y Sergio Bulat, nuestros contactos en la editorial, nos han apoyado con una crítica constructiva digna de mención y mención y mención.

De nuevo David Galimany ha sabido sacarle punta al manuscrito con sus ácidos y divertidos comentarios.

A Antoni Pous y a Carmen del Toro les agradecemos su entusiasmo al leer el último de los manuscritos. En ese momento tan delicado sus comentarios nos han ayudado a superar nuestros miedos finales.

A Teresa Algans, directiva de La Caixa, que con su profesionalidad y compromiso nos da un ejemplo claro de que el Lovework ya existe.

A Álex Rovira, que nos ha animado con sus consejos y ejemplos.

A Marina Elías y Ares Elías por sus comentarios de gran profundidad que nos ayudan a pensar.

Vaya para nuestras esposas, Magda Albero y Carme Damians, el agradecimiento de su compromiso de incondicionalidad manifiesta.

Los autores

Se quiere más lo que se ha conquistado con más fatiga.

ARISTÓTELES

Joan Elías y David Elías son hermanos. Los dos empezaron como empleados y también son y han sido jefes. Trabajan en grandes empresas con muchos jefes y muchos empleados. Han visto y vivido tiempos de motivación y desmotivación.

Joan Elías es licenciado en Ciencias de la Comunicación por la URL, Master en Marketing y Dirección de Personal por EADA y PDD por IESE. Ha trabajado como directivo en Pegaso, Martini, los Juegos Olímpicos y en el Institut Català de la Salut. Es profesor de EADA, INDAE y de la Universidad Pompeu Fabra. Ha escrito otros cinco libros de gestión empresarial (Modelos de Relaciones Públicas. Vicens Vives.1990; Organización Atenta, Gestion2000.1990; Más allá de la Comunicación Interna. Gestión2000.1998; Clientes Contentos de Verdad, Gestión2000.2000 y Tú y yo somos cuatro, Amat Editores.2003. Ahora ayuda a pensar a las empresas como conferenciante, escritor y consultor.

David Elías es licenciado en Psicología por la UB y en Investigación y Técnicas de Mercado por la UOC. Es diplomado en Investigación de Marketing por Asociación Española de Estudios de Mercado, Marketing y Opinión (AEDEMO). Ha desarrollado su vida laboral en Mutua General de Seguros siendo ahora el responsable del área de Marketing Analítico. Ha impartido clases en el Centro de Estudios de Agentes y Corredores de Seguros Colegiados (CECAS). Este es su primer libro.

A los dos les gusta comprometerse consigo mismo y no soportan a los desmotivadores. Por eso no les hacen ningún caso.

Visítenos en la web:

www.empresaactiva.com